KRIEGSGEFANGENER 1370651

EINE LEBENSABSCHNITTSBIOGRAFIE
1943 – 1948

ERHARD LENKE

BARBARA SPANGLER

2012 © friendship Verlag (Sandos)
Schnieglinger Str. 166
90425 Nürnberg
Email: verlag @ friendship-akademie.de
ISBN 978-3-944240-02-2
Titelbild: Erhard Lenke, 1953

Alle Rechte vorbehalten. Insbesondere das Recht der mechanischen, fotografischen oder elektronischen Vervielfältigung, der Einspeicherung und Verarbeitung in elektronischen Systemen, des Nachdruck in Zeitschriften und Zeitungen, des öffentlichen Vortrages, der Verfilmung oder Dramatisierung, der Übertragung durch Rundfunk, Fernsehen und Video, auch einzelner Bild- oder Textteile sowie der Übersetzung in andere Sprachen.

Inhalt

WIDMUNG

1. KAPITEL „ZU STRAßBURG AUF DER SCHANZ"
   RÜCKBLICK: APRIL 1943 – SPÄHTRUPP - RUSSISCHE FRONT
   STRAßBURG – GEFANGENENLAGER

2. KAPITEL „DIE HÖLLE VON SAINT ETIENNE"
   RÜCKBLICK - ITALIEN IM SEPTEMBER 1943
   ST. ETIENNE – ZWANGSARBEIT

3. KAPITEL „PAROLE HEIMAT"

NACHWORT

EINBLICKE

DIE AUTOREN

WIDMUNG

Für meinen Vater Erhard Lenke
Meine Schwester Anja Lenke
Meinen Bruder Stefan Lenke

und meine Kinder Verena und Christian,
damit es nicht in Vergessenheit gerät.

Lieben Dank an meine Mutter, Johanna Theysohn die mir geholfen hat, die umfangreichen handschriftlichen Aufzeichnungen zu entziffern.

Und Marion Rotter, die mir geholfen hat, alles in den PC zu tippen

1. KAPITEL „ZU STRAßBURG AUF DER SCHANZ"

April 1946

Wir kommen heim. Endlich heim. Nach einem Jahr Hunger, Durst, eingepfercht wie Vieh – unter freiem Himmel – aber ohne Schutz vor Wind und Wetter...

Sechzig Mann in einem alten, ratternden Eisenbahnwaggon, drei Tage ohne einen Bissen Brot, ohne die Möglichkeit die Notdurft zu verrichten, schauen mit fiebrigen Augen auf die breite Schiebetür ihres Kerkers.

Der Transportzug hat angehalten. Es muss eine Station sein, denn von draußen klingen fremdartige Laute zu uns herein. Ein schmaler Schlitz in der Seitenwand des Waggons lässt einen dünnen Finger Licht in das Dunkel. Die Luft ist zum Schneiden und mancher meint ersticken zu müssen.

Meinen Nebenmann hat die Ruhr gepackt. Seit wir in diese Kiste verladen wurden, bringt er die Hose nicht mehr hoch, das war vor siebzig Stunden. Der Gestank nach Urin und Kot ist fast unerträglich.

Der Magen hat längst aufgehört zu knurren, von Gliederschmerzen ist schon nichts mehr zu spüren, nur der Gestank, der elende Gestank.

Draußen vor der Tür fragt jemand nach dem Transportführer. Ein Kamerad nimmt mir die Antwort ab:

"Ja, der ist hier bei uns! Macht nun endlich die Tür auf bevor wir ganz verrecken!"

Von draußen kommt die Antwort:

"Halt das Maul, Boche!"

Boche ? Wieso Boche? Sollten wir in Frankreich sein?

Ich kann nicht weiter denken, die Tür schiebt sich kreischend auf und helle Sonne flutet herein. Das plötzliche Licht sticht in die Augen. Doch mit der Sonne kommt Luft, frische klare Luft. Ich atme sie so tief ein, dass mir fast die Lungen zerspringen.
Dann höre ich wieder diese singende Stimme:
"Los, der Transportführer 'raus!"

Ich öffne langsam die Augen. Aussteigen soll ich? Schön, ich will es versuchen. Das ist nicht einfach, wenn man drei Tage mit angezogenen Beinen ausgedörrt auf dem harten Boden eines stoßenden Güterwagens gesessen hat.
Nein, es geht nicht! Die Beine reagieren nicht.
Ein Uniformierter springt in den Wagen und schreit:
"Wo ist der Transportführer?"
Er hält eine Maschinenpistole in der Armbeuge und unterstreicht seine Frage mit ihr ganz eindeutig.
Ob der wohl schon einmal auf Menschen geschossen hat?
"Der bin ich!"

Meine Stimme ist spröde, ich erkenne sie selbst nicht mehr.
"Boche, willst Du nicht 'raus!"
Er wendet sich um und ruft einen Namen durch die Tür.
Ja, er spricht französisch.

So sieht also unsere Entlassung aus amerikanischer Kriegsgefangenschaft aus! Das sollte der Heimtransport sein.

Jetzt sind wir in Frankreich!?!

Er reißt mich hoch. In der Tür steht nun ein Zweiter, braun, mit einem Turban auf dem Kopf und einem feisten, grinsenden Gesicht. Eine Peitsche schwingt in seiner rechten Hand. Ein Marokkaner!

Ich steige über Liegende, trete da auf einen Arm und dort auf eine Brust. Die Beine knicken mir ein, unendlich schwach und elend fühle ich mich.

Doch ich muss die Tür erreichen. Nur nicht von diesem grinsenden Braunen mit der Peitsche schlagen lassen.

"Ich bin der Transportführer!"

Der Franzose muss Offizier sein, höhnisch lächelt er mich an. "Raus, Boche!"

Er stößt mich aus dem Wagen.

Es ist nur ein Meter, den ich falle, aber mir kommt es vor, als wären es Stockwerke.

Es rauscht mir in den Ohren, dumpf und hohl. Beinahe wie in der letzten Nacht, als das monotone Schlagen der Räder auf den Schienen plötzlich lauter und schallender klang. Mir erschien es, als ob der Zug da über eine lange Brücke gerollt wäre. Jetzt weiß ich es, es muss der Rhein gewesen sein. Der Marokkaner steht neben mir auf dem Bahnsteig und zieht mich auf die Beine. Dann lockert er seinen Griff und der Franzose befiehlt:

"Lassen Sie die Gefangenen aussteigen und antreten! Das Gepäck bleibt in den Waggons!"

Es fällt mir verdammt schwer, von einem Wagen zum anderen zu laufen und den Befehl weiter zu geben.

Dann kriechen aus diesen rot gestrichenen Höhlen Menschen heraus. Menschen mit grauen, verzerrten Gesichtern und müden, schleppenden Bewegungen.

Für die satten, ausgeruhten Soldaten, die uns bewachen, geht das alles zu langsam! Verständnislos schlagen sie mit Peitschen und Gewehrkolben auf die Leute ein.

Nein! Das kann ich nicht mit ansehen. So geht man nicht mit Gefangenen um, die bereits ein Jahr voller Hoffnung auf ihre Heimkehr und auf die Freiheit warten.

Ich weiß genau, was ich tun müsste: Vor den Franzosen treten und ihn bitten ein wenig

Verständnis für den Zustand der Kameraden zu haben. Doch ich bin feige, weil ich machtlos bin. Unzählige Neugierige haben sich auf dem gegenüberliegenden Bahnsteig angesammelt und mustern uns mit feindseligen, aber auch mitleidigen Blicken.

Der Franzose tritt zu mir.

"Lassen Sie abzählen! 813 Mann müssten hier stehen!"

Ich schleppe mich einige Schritte vor und versuche mit einigermaßen klarer Stimme den Kameraden zu sagen, dass wir uns zählen müssen.

Wir sind nur 807! Der Franzose tobt.

Ich weiß nicht, was ich dazu sagen soll!

Es war doch völlig unmöglich, dass einer von uns auf dieser Fahrt auskneifen konnte.

Warum auch?

Wir sollten entlassen werden und waren angeblich auf dem Heimtransport.

Der Franzose schreit und gibt den Marokkanern den Befehl, die Waggons nach zurückgebliebenen Gefangenen zu durchsuchen. Dabei bemerke ich, dass mancher Gegenstand aus unserem armseligen Gepäck in den braunen Fingern der Soldaten verschwindet.

Das Ergebnis dieser Durchsuchung ist für uns erschütternd.

Sechs Tote liegen auf dem Bahnsteig!

Verreckt, vielleicht schon seit Tagen.

Schnell werden sie beiseite geschafft. Das ist nichts für die Augen der herumstehenden Zivilisten.

Mich erfasst ein ohnmächtiger Zorn, ich kann nicht länger schweigen und zusehen:

"Sie haben hier die Befehlsgewalt; sorgen Sie dafür, dass wir nun endlich einmal etwas zu essen bekommen, das Wasser verteilt wird! Sie sehen doch, dass wir am Ende sind!" Der Franzose zuckt gleichgültig mit seinen Schultern:

"Erst müsst Ihr noch ein Stück marschieren, dann kann ich Euch Verpflegung geben. Sagen Sie das den Gefangenen. Sagen Sie ihnen auch, dass keiner an Flucht denken soll, die Marokkaner haben den Befehl sofort zu schießen."

Wie Herdenvieh werden wir dann angetrieben.

Der Hungermarsch beginnt.

Nun weiß ich auch wo wir sind. Das Schild am Bahnhof hat es mir erschreckend deutlich vor Augen geführt. Straßburg!

Straßburg, Du hast schon viel Kampf und Not gesehen! Steht nicht Dein Herz still, wenn Du diese Männer halb kriechend durch Deine Straßen ziehen siehst?

Was seid ihr für Menschen, die ihr auf den Fußsteigen stehen bleibt und uns kalt lächelnd verhöhnt?

Wer seid ihr, die ihr aufmerksam in die Auslagen der Schaufenster schaut, um nicht weich zu werden bei dem Anblick von männlichen Ruinen, die einmal Soldaten waren? Die nun zerlumpt und halb verhungert durch die Straßen schleichen!

Und Ihr! Marokkaner? Erstarrt Euch nicht der Arm, wenn Ihr die Peitsche zum Schlag erhebt, um einen Zusammengebrochenen anzutreiben?

In 15 Minuten sind wir am Ziel, hatte der Franzose beim Abmarsch gesagt. Wir laufen nun schon fast eine Stunde.

Die Häuserzeilen lockern sich auf. Die Menschen schauen hinter den Gardinen auf die deutschen Verbrecher herab, die hier ihre traurige, letzte Parade geben.

Inzwischen weiß ich, dass der Franzose ein Leutnant ist. Ich habe ihn gebeten, die Schwächsten von uns mit auf dem Wagen sitzen zu lassen, auf dem unsere Toten, vom Gepäck überdeckt, mitgeführt werden.

Dazu hatte er ja gesagt!

Ich bleibe stehen, weil ich wissen möchte, wie es am Schluss des Trauerzuges aussieht. Ein Marokkaner bleibt misstrauisch an meiner Seite. Glaubt der wirklich, dass ich fliehen will? Ich fühle, dass er die Peitsche hebt. Fühle es, obwohl ich nur seine Augen sehe. Jedoch der Schlag bleibt aus.

Die Kolonne ist vorüber. Ich gehe an den Wagen, denn es sollen wirklich nur die Elendsten mitfahren.

Das Bein eines toten Kameraden schleift an einem Rad. Ich versuche es zurück zu schieben, doch es gelingt mir nicht.

"Lasse doch! Dem tut es nicht mehr weh", sagt ein Zivilist zu mir und geht schnell weiter, als hätte er etwas sehr Dummes getan.

Wir sind am Ziel!

Ein schweres Gittertor tut sich vor uns auf.

Die Kasematten von Straßburg.

Mit letzter Kraft schleppen wir uns in ein von hohen Mauern umgebenes Viereck.

Ich werde zu dem Leutnant gerufen.

"Sagen Sie den Gefangenen, dass jeder sein Gepäck ausbreitet. Ich muss es durchsuchen lassen."

"Sie haben versprochen, dass wir hier sofort verpflegt würden, Herr Leutnant!"

"Tun Sie was ich befehle! Im Übrigen ist die Küche bereits verständigt."

Ich wende mich ab. Was sollte ich sonst tun?

"Breitet das Gepäck vor Euch aus, höre ich mich sagen, „ der Franzose lässt uns vor der Verpflegungsausgabe noch durchsuchen." Bis jetzt habe ich mich bemüht, einen Schein von Haltung zu bewahren, nun ist es aus! Ich lege mich, genauso wie es alle anderen vorhin schon taten, an dem Platz auf den Boden, auf dem ich gerade stehe.

Die Durchsuchung lässt mich kalt. Ich kümmere mich nicht um die Marokkaner. Nur wenn hier oder dort ein Protest laut wird, weil einer mit begehrlichen Fingern nach Dingen greift, die nicht unter Verbot stehen, versuche ich einzugreifen. Doch das ist zwecklos und ich gebe es bald auf.

Wir sind nur Gefangene!

Ich muss nach unseren Toten sehen. Man hat sie einfach von dem Wagen auf die Erde geworfen und sie liegen wirr durcheinander nahe bei der Mauer. Der aus unseren Güterwagen ist auch dabei. Achtzehn Jahre mag er alt sein, sein Gesicht scheint alt und grau, die Augen starren blicklos ins Leere. Vielleicht hat er das bessere Los gezogen!

Die Durchsuchung ist zu Ende.

Meine Habseligkeiten sind mächtig zusammen geschmolzen. Außer einem Paar Socken, einer Konservenbüchse, Löffel und einer Decke habe ich nichts mehr zu tragen. Dafür liegt vor einer eisenbeschlagenen Tür, die hinter der Mauer direkt in die Erde zu führen scheint, ein ansehnlicher Haufen von Gegenständen, die für Gefangene verboten sind. Feuerzeuge, Messer, Scheren, Mäntel usw., wir waren reich, als wir noch im Zug saßen.

Dann sagt uns der Franzose, dass je einhundert Mann in eine Kasematte eingeschlossen werden. Er scheint ein Elsässer zu sein, denn er spricht ein gutes Deutsch.

Müde, und noch immer ohne einen Bissen Brot, schleppen sich achthundert Gefangene hinunter in die Finsternis.

Nach muffigem Stroh riecht es hier. Ich spüre die Halme unter meinen durchlöcherten Stiefelsohlen.

Die Marokkaner schließen je einhundert Mann ein und schlagen die Türen zu. Wir sind unter uns und haben nur einen Wunsch - Brot!

Ich muss einen Platz finden, wo ich mich legen kann. Der kalte Schweiß tritt mir in das Gesicht. Ich muss liegen, schlafen, die Augen schließen und vergessen.

Wie groß ist dieses Rattenloch?

Ich taste mich an der Wand weiter, erkennen kann ich nichts. Kein Lichtschein fällt in dieses verdammte Gewölbe.

Rings um mich lautes Fluchen, Stolpern und Rascheln.

Da stoße ich auf eine Querwand, es muss eine Ecke sein. Hier lege ich mich und meine letzten Klamotten werden zum Kopfkissen.

Ich liege, Gottseidank, ich liege!

Wie ein Film läuft ein Erlebnis aus den vergangenen Kriegsjahren vor meinen Augen ab, vor denen nur Dunkelheit ist.

RÜCKBLICK:
APRIL 1943 – SPÄHTRUPP - RUSSISCHE FRONT

Schwarz ist die Nacht.

Mein Pferd geht im ruhigen Schritt. Es geht zurück zum Divisionsgefechtsstand, der nun schon in Österreichs Bergen liegt.

Wir hatten keine Feindberührung, ohne größere Zwischenfälle ist dieser Spähtrupp verlaufen.

Abgesessen waren wir, ein Kamerad blieb bei den Pferden. Von dem Bergsattel, auf dem wir liegen, sehen wir auf der Talstraße russische Panzer und Artillerie nach von fahren. Wir liegen, notieren und zittern.

Wird man uns hier, ca. dreißig Kilometer hinter der russischen Linie ertappen?

Hans Rossius liegt neben mir.

In einer klaren Winternacht, oben auf der Wasserscheide von St. Pölten hatten wir im Scherz einmal Blutsbrüderschaft getrunken.

Aus dem Scherz ist ernst geworden, einer steht jetzt für den anderen.

"Langer!?" (bei meiner Länge von 1,93 m die passende Bezeichnung)

"Hm."

"Die scheinen allerhand mit uns vorzuhaben."

"Scheint so."

Dann sprechen wir nichts mehr, es erscheint uns zu gewagt. Möllendorf, der Führer des Spähtrupps, kriecht zu uns heran. Wir müssen die Ohren spitzen, um seinen geflüsterten Befehl zu verstehen.

"Geht ihr zwei dreißig Meter weiter an die Straße hinunter, damit uns die Pan's nicht überraschen, falls sie mit Flankendeckung marschieren!"

Wie Ringelnattern schlängeln wir uns durch die Büsche und bleiben kurz vor der verdammten Straße dicht nebeneinander liegen.

"Meinst Du, Langer, dass wir noch einmal mit heiler Haut aus dem scheiß Spähtruppreiterei her-auskommen?"

Ich kann nicht antworten, denn ein paar Meter vor uns pirschen sich einige Russen durch das Gestrüpp.

Sie gehen nahe an uns vorbei, ohne zu sehen, dass da zwei einsame deutsche Landser liegen.

Wir atmen auf und nun kann ich die vorhin gestellte Frage von Hans beantworten:

"Wenn alle Russen so kurzsichtig sind wie die, ja!"

"Der Schnaps von Ödenburg fehlt uns jetzt, hier gibt es rein gar nichts zu saufen", setzt Rossius die leise Unterhaltung fort.

"Das ist ganz gut so, oder wolltest Du den Heldentot durch die Schnapsflasche sterben?"

Hinter uns rascheln die Büsche.

Wir reißen die Maschinenpistolen herum.

Es ist Möllendorf!

"Arschloch", murmelt Rossius, "um ein Haar hätte ich Dich umgelegt!"

Der grinst nur und flüstert:

"Kommt, wir hauen ab!"

Wir kamen gut durch die eigenen Linien zurück, die Kameraden in den Stellungen wussten ja, dass wir drüben beim Iwan waren. Die Anspannung der Nerven ließ langsam nach, Unterhaltung kam auf und nach langen Stunden der Entbehrung wurde die erste Zigarette zwischen die Lippen gehängt.

Rechts und links vom Weg stiegen steile, bewaldete Hänge scheinbar bis zum Himmel. Oben stand der Mond, der alte Gauner. Er versteckte sich hinter einer Wolke und nur ein Teil seines lächelnden Mundes war zu sehen.

Hatte der über uns gelacht?!

Wie die Theaterkulisse der Wolfsschlucht wirkte damals dieses nächtliche Tal. Wir alle mussten das auch gemeinsam so empfunden haben, denn wie ließe es sich sonst erklären, dass Möllendorf plötzlich mit schauriger Stimme rief:

"Samuel!"

"Komm herbei", erwiderten wir im Chor und unsere Stimmen schalten unheimlich hohl von den Talwänden zurück.

Der Jägerchor aus dem Freischütz klang durch die Nacht.

Ende Rückblick

STRAßBURG – GEFANGENENLAGER

Ich habe mit offenen Augen geträumt und es fällt mir schwer, mich in die Gegenwart zurück zu fin-den.

Man ruft wieder nach mir. Die sollen mir endlich meine Ruhe lassen, ich möchte nur noch liegen und schlafen.

Geht es den Erfrierenden nicht so?

Selige Müdigkeit, wohliges Geborgensein!

"Ich komme", meine Stimme klingt wie ein leerer Eimer.

Wie ein Traumwandler finde ich zu der Tür. Ein Marokkaner nimmt mich in Empfang.

"Du kommen zu Leutnant!"

Ich stolpere hinter dem Braunen her.

Verdammt lang ist der Gang, der vom Dunkel in das Licht führt, verdammt lang!

Dann stehe ich vor dem Leutnant.

"Die Küche ist eingetroffen. Lassen Sie Essen fassen!"

Seit meine Armbanduhr „amerikanisiert" wurde, ist die Sonne mein Uhrzeiger. Am Morgen war es, als wir auf dem Bahnsteig standen. Jetzt muss es später Nachmittag sein. Ich werde mich an das Viertelstündchen des französischen Leutnants gewöhnen müssen.

Die Kameraden stehen in langen Schlangen vor zwei Gulaschkanonen. Jeder hält einen Napf in seinen Händen, ganz reich sind noch Besitzer eines Kochgeschirres.

Einer kommt zu mir und sagt:

"Du, der Leutnant ist ein ehemaliger Panzerkommandant aus unserem Regiment. Was tut der hier in französischer Uniform?"

Ich will es nicht glauben.

"Doch", sagt der Kamerad, "ich erkenne ihn genau, nur an seinen Namen kann ich mich nicht erin-nern!"

Nun kann ich auch meine Büchse hinhalten und füllen lassen.

Bitte lieber Koch, halte Deine Kelle gerade, damit kein Tropfen über ihren Rand hinaus fließt. Vor-sicht, die Öffnung der Dose ist nur klein. Du musst mit deiner großen Kelle vorsichtig sein! Es wäre ein Jammer, wenn etwas daneben läuft. Ein halber Liter Erbsensuppe ist nicht viel, wenn man nun fast vier Tage nichts zu essen bekommen hat und vorher schon ein Jahr hungern musste. Da! Das habe ich befürchtet, nun tropft die Suppe auf den Boden. Soll ich mich bücken und den kleinen Fleck mit dem Löffel aufkratzen? Nein, es wird mir jetzt immer so schwarz vor Augen, wenn ich den Kopf neige. Aber die kleinen Bäche, die an der Außenseite der Büchse herunter laufen, streiche ich mit den Fingern ab und stecke sie in den Mund.

Habe ich jemals etwas Besseres gegessen als diese Erbsensuppe?

Wir dürfen zum Essen im Hof der Kasematte bleiben.

Ich suche mir einen stillen Winkel und mein Blick geht hin zu den anderen Kameraden. Eine tiefe Andacht steht in ihren Gesichtern.

Wisst denn ihr da draußen in der Freiheit, was Hunger ist?

Tierisch quälender Hunger!

Die Suppe ist scharf, das wird Durst geben.

Der Leutnant stellt sich neben mich.

"Schmeckt's", fragt er.

"Danke!"

Er setzt sich auf einen Holzstoß.

Ich löffle weiter.

Was sagte der Kamerad vorhin, der aus der langen Reihe der Hungrigen heraus trat? Da ist meine Frage auch schon heraus, fast unbewusst!

Der Franzose springt auf!

"Das ist vorbei! Ich bin Lothringer und Leutnant in der französischen Armee. Ich rate Dir, halt die Schnauze, Boche! Halt ja Deine Schnauze!"

Ganz leise und zischend, ganz nahe an meinem Gesicht, spricht er diese Worte. Sie machen keinen Eindruck auf mich! Kann mich, nach allem was bisher gewesen ist, so etwas überhaupt noch aus der Fassung bringen?

"In zehn Minuten stehen vor jeder Kasematte drei Mann zum Brotempfang. Es bekommen acht Mann ein Brot. Dann wird Kaffee ausgegeben."

Noch ein warnender Blick und dann geht er stolz davon.

Die Ecke in der Kasematte ist feucht und kühl. Über meine ausgestreckten Beine veranstalten Ratten einen Hürdenlauf. Ein ekliges Getier!

Vorhin, als ich mich mit meinem Stück Brot in der Hand zu dem Platz zurück tastete und mich hin-legen wollte, sprang so ein Vieh aus meiner Decke und lief mir über das Gesicht.

Mein Nebenmann weint!

Er hatte kurz vor unserem angeblichen Heimtransport die Nachricht erhalten, dass seine Frau ge-storben ist. Nicht schnell genug konnte er in den Güterwagen kommen, er wollte zu dem Begräbnis daheim sein.

Die Freiheit in der Heimat hatte man uns versprochen, auch er konnte nicht ahnen, dass wir an Frankreich ausgeliefert werden würden.

Meine Gedanken gehen einen weiten Weg zurück.

Zurück zu meinem alten Teddybär. Als Kind bin ich mit ihm in das Bett gestiegen und auch später, im Urlaub, als ich schon Soldat war, blieb er mein Schlafgefährte.

Ja Butz, Du kennst alle meine großen und kleinen Sorgen von damals. Grau und abgeschabt wirst Du jetzt auf dem kleinen Tisch in meinem Zimmer sitzen.

Grau und abgeschabt liege ich hier in den Kasematten von Straßburg.

Ich weiß nicht, ob ich geschlafen habe, aber ich fühle mich einigermaßen erfrischt, als ein Marokkaner durch die Tür brüllt:

"Morgenappell!"

Im Hof der Kasematten wird angetreten, keiner ist unten in den Verließen geblieben. Dennoch! Es fehlen genau einhundert Mann! Wie ist das möglich?

Sollten die Franzosen in der vergangenen Nacht die Belegschaft einer ganzen Kasematte abtrans-portiert haben?

Da kommt ein Offizier auf den Hof.

Es ist nicht der Leutnant von gestern. Er ist sehr freundlich, gibt mir die Hand und fragt, ob alles in Ordnung ist.

"In Ordnung schon, „ sage ich, "aber wo haben Sie die einhundert Mann hin bringen lassen?"

Er schaut mich völlig entgeistert an:

"Was für einhundert Mann?"

"Es stehen 707 Männer hier, gestern Abend waren wir noch 100 mehr."

Der Franzose wird blass.

"Abzählen", befiehlt er.

Es bleibt bei siebenhundertsieben!

Ich sehe dem Franzosen in das Gesicht, es ist verzerrt und fast brutal.

Nein, der hat die Kameraden nicht abholen lassen, das kann ich aus seiner Bestürzung erkennen.

Und dann wird es mir schlagartig klar!

Die einhundert Mann sind geflohen!

Es erscheint mir zwar unmöglich, aber es ist eine Tatsache. Einhundert Mann fliehen aus den Kasematten der Festung Straßburg, das ist schon ein Husarenstück.

Ganz froh und stolz werde ich. Haben denn die Posten geschlafen? Ich kann meine Gedanken nicht mehr weiter verfolgen, denn der

Zorn des Offiziers entlädt sich nun mit einer unheimlichen Wucht. Ich muss den Sündenbock spielen! Ehrlich, ich fühle mich wohl in meiner Rolle.

Der Offizier und einige Marokkaner gehen hinunter in die Kasematten, zum Spurensuchen. Doch dafür wird es schon ein wenig spät sein, glaube ich. Die Kameraden sind jetzt bestimmt schon über den Rhein.

Der Franzose dreht sich an der Kasemattentür noch einmal um und ruft, nein, schreit nach mir.

Immer langsam, mein Herr! Ein Gefangener ist kein D-Zug. Es ist das erste Mal, dass ich mich dar-über freue, schwach zu sein. Ich kann beim besten Willen nicht schnell gehen und nun schalte ich absichtlich noch einen Gang zurück. Mein Rufer tritt inzwischen von einem Bein auf das andere, als ob ihm der Boden zu heiß wäre.

Wir gehen alle gemeinsam hinunter in die Dunkelheit. Eine Kasematte nach der anderen wird un-tersucht. Es ist nichts zu finden! Keine Falltüre, kein Gang und alle Türen waren verschlossen.

In der letzten Kasematte, die wir besichtigen, fällt ein heller Lichtschein von der Decke! Ein vier-eckiges Loch, eine vergessene, alte Öffnung zeigt sich oben am Gewölbe. Also diesen Weg seid ihr gegangen, Kameraden!

Aber wie seid ihr da hinauf gekommen? Die Öffnung liegt fast fünf Meter über dem Boden! Hat da oben kein Posten gestanden? Fragen, die immer unbeantwortet blieben. Dann werden wir alle in die Kasematten gepfercht und bekommen den ganzen Tag keine Verpflegung.

Ich muss an diese schöne Genfer Konfession denken. Lautet darin nicht ein Artikel: Dem Kriegsge-fangenen steht das Recht der Flucht zu. Den Zurückgebliebenen dürfen keine Repressalien auferlegt werden.

Du geduldiges Papier!

Am nächsten Morgen marschieren wir das französische Viertelstündchen zum Bahnhof zurück. "Nach Südfrankreich kommt ihr", plaudert ein Posten aus.

2. KAPITEL „DIE HÖLLE VON SAINT ETIENNE"

Wieder rollen Räder über die Schienen! Fast meine ich, die Fahrt wäre ohne Unterbrechung gewesen, doch die Erinnerung an Straßburg belehrt mich, dass wir nicht mehr mit der Hoffnung auf eine Heimkehr im Waggon sitzen.

Nein, diesmal weiß ich, dass es keine Fahrt in die Heimat ist. Eine innere Niedergeschlagenheit hat sich in mir festgesetzt. Zu all dem Hunger und Elend, zur Enge und Ausdünstung kommt nun noch die zermürbende Ungewissheit.

"Nach Südfrankreich kommt ihr", hatte der Posten in Straßburg gesagt. Ich nehme mir vor, gleich-gültig zu sein und abzuwarten.

Zwei Tage hocken wir nun wieder in diesem Wagen. Vor ein paar Stunden hat sich das erste Mal die Türe geöffnet.

"Paine pour Boche!"

Ein paar Brote flogen herein und auch eine Kanne Wasser bekamen wir, doch bevor wir ausschen-ken konnten, zog die Lokomotive an und der kostbare Inhalt floss auf den Boden. Dann haben wir das Brot geteilt. Es war eine dünne Scheibe!

"Den deutschen Soldaten verurteilt Ihr wegen Verbrechen an der Menschlichkeit, Ihr Sieger, seid Ihr besser?"

In Gedanken stelle ich mir die französische Landkarte vor. Wir sind Tag und Nacht gefahren, hatten zwar hie und da einen kleinen Aufenthalt, doch müssen wir eine Menge Kilometer gerollt sein. Lange kann diese Fahrt nun nicht mehr dauern, das steht für mich fest.

Der Zug hält. Fahles Licht fällt durch die geöffnete Tür und mein Nachbar hofft auf eine neue Verpflegungszuteilung. Er wird enttäuscht, wir müssen aussteigen, auf dem Bahnsteig antreten und abzählen.

Dann der Marsch durch die Stadt. Die Menschen hier nehmen wenig Notiz von uns. Sie scheinen sich an müde Kriegsgefangene gewöhnt zu haben.

Das Bahnhofsgebäude löst für mich die brennendste Frage:

"Saint Etienne", steht mit schwarzen Buchstaben auf ehemals weiß getünchter Mauer.

Saint Etienne, woher kenne ich bloß diesen Namen?

Als wir durch die Straßen gehen, halte ich unbewusst die Augen offen und bin hell wach. Schmutzig und grau sind die Häuser, wohl keines steht an den Straßen, durch die wir uns schleppen, das nicht große, meist frisch verputzte Mauerrisse aufweist, oder seltsam schief und verschoben aussieht.

Überall, auf den Fußsteigen, auf Fensteröffnungen und Türen liegt ein schwarzer Belag.

Eine Häuserlücke auf der linken Straßenseite lässt den Blick auf einen riesigen, aufgeschütteten Berg frei. Er läuft gleichmäßig spitz nach oben aus, wie eine Pyramide. An seinen Hängen steigen leichte Dampfwolken auf. Oben auf der Spitze steht ein Stahlgerüst. Nun schieben sich wieder Häuser in das Blickfeld.

"Saint Etienne", jetzt weiß ich, woher ich diesen Namen kenne. Es ist die höchst gelegenste Groß-stand Europas und das Bergbau-Zentrum Südfrankreichs. Hier haben Kriegsgefangene des ersten Weltkrieges unter unmenschlichen Bedingungen die Kohle viele hundert Meter tief aus der Erde geholt.

Daheim im Bücherschrank stand das Buch, in dem ein "Prisoner de Guere" seine Erlebnisse berichtet. "Die Hölle von Saint Etienne", so hieß der Titel dieses Buches. Und ich entsinne mich dunkel an den Inhalt. Ich weiß nur noch, dass mir ein eisiger Wind aus diesen bedruckten Seiten entgegen-schlug und als ich zu Ende gelesen hatte, verdächtigte ich den Verfasser ein bisschen übertrieben zu haben.

Nun, ich werde bald selbst urteilen können.

Unser Marsch geht durch die Innenstadt, vorbei an bimmelnden Straßenbahnen und halsbrecherisch durch die Straßen jagenden Automobilen.

Ein toller Betrieb ist hier. Ein Restaurant liegt neben dem anderen. Tische und Stühle stehen auf der Straße und elegante Menschen sitzen gemütlich plaudernd bei kleinen Leckereien.

Ich kann die Augen nicht von den Frauen wenden, die hier ihre Einkäufe machen oder an den Tischen der Cafés sitzen. Doch es ist kein Verlangen in mir, nein, der Hunger ist stärker als alle Triebe. Doch diese Frauen erscheinen mir wie ein Symbol von Sauberkeit, Frische und Geborgensein. Einmal möchte ich wieder von einer Frau umsorgt sein. Von der kleinen Molligen, die uns da mit wiegendem Gang und üppigem Busen auf dem Bürgersteig entgegen tänzelt, imponiert mir am meisten der aus der Einkaufstasche hervorragende Brotlaib.

Ich versuche krampfhaft mich nicht an die Tatsache zu erinnern, dass ich laufen muss. Wer weiß, wie weit der Weg noch ist? Das Lager wird so sein, wie alle anderen bisher auch waren. Drei Reihen doppelmannshoher Stacheldraht, dazwischen spanische Reiter, ergeben ein großes Viereck, dass dann und wann, bestimmt aber an den Ecken von Wachtürmen unterbrochen wird. In der Dunkelheit blitzen dann starke Scheinwerfer auf und die Nacht wird zum Tag.

Wenn es gut geht, werden Baracken als Unterkünfte da sein. Wir haben allerdings auch Lager kennengelernt, in denen nur morsche Zelte aufgeschlagen waren.

Ja, gleich am Anfang der Gefangenschaft, damals im Mai 1945 bei dem Dörfchen Altheim in Österreich , haben uns die Amerikaner ohne Mäntel und Decken, nur mit Hose und Hemd bekleidet, bis in den Winter hinein auf einer sumpfigen Wiese kampieren lassen.

Aber nein, so kann es hier nicht sein, das wäre entsetzlich.

Meine Füße brennen, wenn wir nicht bald am Ziel sind, werde ich schlapp machen. Ob ich hier auch ins Bergwerk muss? Nun, ich werde es erleben, nur nicht ins Grübeln kommen.

Da vorn könnte das Lager sein. Aber so schmucke steinerne Häuschen mit Blumen an den Fenstern wären wohl zu schade für Prisoneres. Doch ein breiter Weg, mit rotem Kies bestreut, führt durch dieses Idyll hindurch und am Ende des Weges steht ein hohes Gittertor, dass auf beiden Seiten von hölzernen Wachtürmen flankiert wird.

Nun gibt es keine Zweifel mehr. Hinter diesem Tor wird das große Viereck sein. Und Baracken werden dort sein, eine kann ich schon erkennen. Ganz sauber und ordentlich sieht es hier aus.

Wir sind da! Es ist höchste Zeit.

Wir sind nicht die ersten hier. Vorhin bei der Gepäckkontrolle habe ich von einem Gefangenen, der bei der Lagerpolizei ist erfahren, dass das Lager über 8000 Insassen hat. 7000 davon arbeiten auf einzelnen Kommandos außerhalb des Lagers. Die meisten im Bergbau, "Auf der Mine", sagt man hier, viele beim Straßenbau oder in den Steinbrüchen, wenige bei Bauern, sie werden dort beherbergt, bewacht und verpflegt.

Einmal im Monat kommt von jedem Kommando einer ins Lager, holt Post und ich glaubte, nicht richtig zu hören, Geld und Rauchwaren.

"Am besten geht es denen auf der Mine", hatte der Lagerpolizist weiter berichtet, der sich in der Rolle des alles wissenden Alteingesessenen sehr schlau fühlte.

"Die bekommen die beste Verpflegung und dürfen sonntags sogar mit Bewachung spazieren gehen. Hier im Lager sind nur Kranke, die auf den Heimtransport warten. Auf der Mine passiert fast jeden Tag ein Unglück, unser Lagerhospital ist immer voll."

Als ich ihn dann frage, was denn mit uns hier geschehen werde und was die Lagerpolizei hier eigentlich für eine Rolle spielt, gibt er mir erschöpfend Auskunft!

"Wenn das Filzen vorüber ist werdet Ihr Euer Essen bekommen. Morgen früh wird der französische Arzt die Untersuchung auf Minentauglichkeit durchführen. Dann dauert es keinen Tag mehr und Ihr kommt auf irgendein Kommando. Es gibt gute und schlechte, immer nach der Verpflegung beurteilt, weißt Du. Da muss man eben Glück haben."

Als ich dann noch einmal frage, was denn er, d.h. die Lagerpolizei für eine Aufgabe habe, wirft er sich in die Brust!

"Weißt Du, der Franzose passt nur auf, dass keiner stiften geht. Um Ruhe und Ordnung im Lager müssen wir uns selbst kümmern. Wir bekommen Arbeitsverpflegung und es geht uns ganz gut."

"Sag mal", frage ich, "was heißt denn stiften gehen?"

"Na, weißte das nicht? Das ist so viel wie durchbrennen oder ausreißen".

"Hm, gehen denn hier viele stiften? Es ist doch furchtbar weit bis zur Grenze und überall Polizei und Militär?"

"Naja, hier vom Lager ist noch keiner stiften gegangen, aber draußen von den Kommandos jede Menge. Aber die bringen sie nach ein paar Tagen alle wieder zurück. Weißt Du, auf den Kopf eines geflohenen Kriegsgefangenen hat die Regierung 5.000 France Belohnung ausgesetzt und auch viele Arbeitslose, Zivilisten und überhaupt alle, machen sich neben Polizei und Militär einen Sport und Verdienst daraus, die Ausgerissenen einzufangen. Nachts liegen sie in den Feldern und Straßengräben und wenn ein Prisoner angeschlichen kommt, halten sie ihm die Knarre vor die Brust. Ein Gewehr hat ja hier jeder, weißt Du, denn die Jagd ist frei und nun ist diese halt auch auf entflohene Kriegsgefangene ausgedehnt. Du wirst ja selbst sehen, wie viel Gefangene hier täglich von der Gendarmerie zurückgebracht werden. Naja, die gehen dann 4 Wochen in den Prison, weißt Du, wenn sie nichts weiter ausgefressen haben. Stellt sich aber heraus, dass einer auf der Flucht geklaut hat, dann wandert er ins Gefängnis.

Och, weißt Du, manche haben schon 5 Jahre aufgebrummt bekommen."

"Sag mal, was heißt Prison?"
"Na Mensch, das heißt Katzer oder Bunker. Den bewachen wir, von der Lagerpolizei. Unseres hier ist immer überfüllt."
"Bist wohl sehr stolz, dass Du dabei bist?"
"Na klar, wir können uns ziemlich frei bewegen, weißt Du, und genießen das Vertrauen des französischen Lagerkommandanten."
"Aha, und von dem bekommt Ihr wohl auch Eure Befehle?"
"Teilweise, manchmal kommen sie auch von unserem Chef."
"Lieber Freund, Du hast Dich verkauft, aber darüber bist Du Dir wohl selbst nicht im Klaren."
"Was heißt verkauft? Werd ja nicht munter, sonst mache ich Meldung. Weißt Du, Stänkerer brauchen wir hier nicht."

Das Filzen ging vorüber. Einige waren noch ärmer geworden, bei mir war das nicht mehr möglich. Meinen undankbaren Posten als Transportführer habe ich abgelegt und meine Kameraden und mich dem deutschen Lagerkommandanten anvertraut.

Nun sind wir in die Baracken verteilt und die "Alten" belagern uns. Sie fühlen sich uns überlegen, weil sie ja den Betrieb kennen und belehren uns über alles Wissenswerte. Sie malen Gutes und Schlechtes in den grellsten Farben. Einige wollen handeln, gibst Du mir – geb' ich Dir.

Einer kommt mir vor, wie ein wandelndes Warenhaus, "Lastensegler", nennen sie ihn hier. Er hat sich in der Schneiderei eine Jacke mit unzähligen Taschen machen lassen, in denen trägt er die unwahrscheinlichsten Sachen mit sich herum. Er handelt und tauscht, dass es eine Lust ist.
Jetzt tritt er an einen von uns heran.

"Na, Kleener, haste wat zu verkoofen? - Ick hab auch Brot als Zahlungsmittel."

"Lasse mich in Ruhe."

Der "Lastensegler" geht weiter, lässig spielt er mit einem halben Brot, das er lächelnd in der Hand hält.

"Du, warte mal!" Der Junge ruft ihn zurück. Ein kleines Medaillon nimmt er sich von der Brust. An einem silbernen Kettchen zieht er es unter dem Hemd hervor. Bestimmt hat er es während des Krieges immer um den Hals getragen. Das Bild seiner Mutter nimmt er heraus, dann wechselt das Medaillon seinen Besitzer und verschwindet in einer der vielen Taschen des "Lastenseglers."

"Eine Scheibe Brot ist de Klamotte wert."

Aus einer anderen Tasche nimmt er ein altes Stück zerknautschtes Brot. Der Junge nimmt es mit großen Augen und beißt sofort gierig hinein.

Ich wende mich ab. Mich ekelt und die Galle droht mir überzulaufen. Oder hätte ich auch getauscht? Nein, raus aus der Baracke an die frische Luft, sonst schaffe ich mir neben diesem einfältigen Lagerpolizisten noch einen Feind.

Das Lager ist peinlich sauber und ordentlich, habe ich auf meinem Rundgang festgestellt. Ein Brausebad gibt es hier und eine Kantine, in der man, vorausgesetzt man hätte Geld, allerhand schöne Sachen kaufen kann. Nach einem reichlichen Abendbrot könnte ich nun ruhig und zufrieden sein. Doch meine Unruhe wird immer stärker. Die Menschen hier stoßen mich ab. Falsch und hinterhältig, immer auf den kleinsten persönlichen Vorteil bedacht. Jeder dünkt sich ein kleiner Herrgott zu sein. Manche meiner Kameraden, mit denen ich heute hier ankam, stehen die Komplexe im Gesicht geschrieben.

Ist es denn möglich, dass der Deutsche, der seit Kriegsende hinter französischem Stacheldraht sitzt, mehr zählt als der, der in der Heimat gefangen war.

War es nicht unsagbar schwer, damals im Gefangenenlager Augsburg, wenn draußen auf der Straße, die an unserem Lager vorbeiführte, Menschen gingen, die auch Deutsche waren, die lachen und scherzen konnten, die sich durch die Maschen des Stacheldrahtes mit uns unterhielten und von draußen, von der Freiheit, erzählten.

Oder Leute, die uns mit billigen Trostworten fast das Herz aus der Brust rissen. Oder wie war es in der Sommernacht, als ein Liebespaar eng umschlungen und weltvergessen leise flüsternd über die Straße spazierte.

Ich glaubte, dieses Leben einfach nicht mehr ertragen zu können, als mir der Besuch von Schwester und Braut angesagt wurde und ich für eine halbe Stunde in jene große Ziegeleihalle ging, um mit ihnen sprechen zu dürfen. Dann gingen die beiden hinaus in die Abenddämmerung, mit meinen Augen habe ich sie verschlungen, bis sie oben an der Straße verschwunden waren.

Nein, ihr Kameraden von Saint Etienne, gefangen sein ist schwer. Schwer in Frankreich, erdrückend in der Heimat.
Überschätzt euch nicht und spielt nicht die Märtyrer auf weichem Boden.

Ich habe unter der Brause gestanden. Das heiße Wasser hat mir gut getan. Wie lange ist es her, dass ich das letzte Mal badete? Mein Körper ist eckig und schmal geworden, doch nun fühle ich mich herrlich sauber und erfrischt. Das frische, auf den Barackenboden ausgebreitete Stroh erscheint mir weich und warm wie ein Bett.

Es ist dunkel in der Baracke. Vorhin war Zählappell, der soll hier jeden Abend stattfinden und dann ging das Licht aus und die Baracke wurde von außen abgeschlossen.

Hinten in der Ecke steht ein altes Benzinfass, dass WC für die Nacht.

Morgen früh bin ich zum Abortdienst eingeteilt, vom Barackenältesten, einem "Alten", der schon seit 2 Jahren in Saint Etienne ist. Macht nichts, ich werde die Brühe schon zur Latrine bringen, aber erst möchte ich schlafen.

Überall wird noch getuschelt und gewispert. Laut sprechen darf man nach dem Zählappell nicht mehr, hat uns der deutsche Kommandant gesagt.

Die Kameraden sind gespannt auf die morgige Untersuchung. Die einen freuen sich, endlich arbeiten zu können, genügend zu essen zu haben und spazieren gehen zu können - die anderen sinnen auf Ausreden und Gebrechen, um sich von der Mine zu drücken. Arbeiten und essen wollen auch sie, aber oben in der Sonne, im Steinbruch oder auf der Straße, ganz Anspruchsvolle möchten zum Bauern.

Wo werde ich landen? Abwarten! Morgen Abend weiß ich mehr.

Eine Weile höre ich meinen Nachbarn noch Pläne schmieden, dann lässt mich der Schlaf Saint Eti-enne, den Lagerpolizisten und den „Lastensegler" vergessen.

Es war gar nicht leicht und es ist mir mehr als einmal übergeschwappt, das Benzinfass, ehe ich an der Latrine war und den stinkenden Inhalt auskippen konnte. Ein Benzinfass sollte eben ein Benzinfass bleiben. Wenn es von Menschen zum WC degradiert wird, rächt es sich. Ich habe es erfahren müssen und nun rieche ich nach Rache.

Der französische Minenarzt, vor dem ich stehe, zieht die Nase hoch. Er ist ein dicker, gemütlicher Mann und erscheint mir wie ein guter Großvater.

"Sein Du malad?"

"Nein"

"Sein Du pläsiert?"

"Viermal"

"Wo?"

"Bauchschuss, hier neben dem Herz und da."

"Hm, was das Loch?", er deutet auf meine linke Schulter.

"Schultergelenkdurchschuss"

"Du haben Beschwerden?"

"Ja, ab und zu habe ich Schmerzen"

"Wird gehen Arbeit in Mine?"

"Ja".

Verflucht, was bin ich für ein Idiot. Was veranlasst mich dazu "ja" zu sagen. Ich hatte die Chance oben in der Sonne zu arbeiten.

Mechanisch kleide ich mich an. Die Klamotten stinken erbärmlich. Warum habe ich ja gesagt? War es mein Stolz, der es nicht zuließ, dass der Doktor mich als nicht vollwertig beiseite stellen wollte. „Du tapferer jugoslawischer Partisan, der Du mir mit Deinem Pistolenschuss damals, hoch in den Bergen von Görz , fast das Lebenslicht ausgeblasen hättest. Heute hatte ich durch Dich eine Chance. Ich habe sie ausgelassen.

Du hast Deine Chancen besser genutzt, denn als Dich meine Kugel traf, hast Du mit letzter Energie Deine Pistole auf den Deutschen abgedrückt. Um ein Haar Kamerad und ich hätte stumm und steif neben Dir gelegen. Du hattest gut gezielt.

Soll ich Dir erzählen, wie es zu unserem Zusammentreffen kam?"

RÜCKBLICK - ITALIEN IM SEPTEMBER 1943

Am Anfang des Monats fuhr ich noch mit meinem Panzer kreuz und quer durch Russland. Ich hatte noch keine Ahnung davon, dass es Dich überhaupt gab.

Ich weiß nicht, ob Du dabei warst, als Ihr Partisanen einen Transportzug nach dem anderen in die Luft gejagt habt.

Ich weiß nicht, ob Du dabei warst, wenn ahnungslose deutsche Soldaten aus dem Hinterhalt nieder geknallt wurden. Ihr glaubtet wohl auch, Eure Pflicht zu tun.

Doch unsere Führung war mit Eurem Handeln nicht einverstanden und hat Euch das sehr übel ge-nommen. So kam es, dass ich eines Tages mit meinem Panzer bei Dir in Italien war.

Ich bekam den Befehl gegen Dich zu kämpfen und ich fand das vollkommen richtig, denn Du warst der Feind.

Mit Panzern konnten wir Euch freilich nichts anhaben, denn Ihr hattet Eure Schlupfwinkel noch oben in den Bergen und jeder Stein war Euch vertraut. Wir mussten Euch als Infanterie gegenüber-treten und ließen unsere Panzer unter Bewachung im Tal.

Ja Kamerad, dann kam der 26. September 1943.

Auch Du wirst diesen Tag nicht vergessen können, falls Du noch am Leben bist.

"Besatzung 111 beim Waffenreinigen!"

"Danke! - Langer, hör mal, ich mache keinen Appell, der "Alte" hat Geburtstag und da wird traditi-onsgemäß gefeiert. Er will, dass ihr möglichst alle in 20 Minuten in der Taverne seid. Seiner Meinung nach ist der 25. September Kompaniefeiertag. Naja, Recht hat er, aber ihr sollt dafür sorgen, dass die Waffen in Ordnung sind. Man hört so etwas munkeln, von morgen früh 4 Uhr. Es wären Partisanen gemeldet. Na, Du weißt schon, wenn wir hinkommen, ist kein Schwein dort. Wie es halt immer war. Also, Du weißt Bescheid!"

"Jawohl!"

Hauptscharführer Möllendorf hat diese lange Rede gehalten, obwohl reden nicht seine Stärke ist und geht nun weiter.

"Fritz, setz das neue Schloss ein, ich traue dem alten Ding nicht mehr."

Mein Richtschütze, der gerade von der Luftwaffe zu uns versetzt wurde, schaut mich unsicher an. Er weiß noch nicht recht mit einem MG 42 umzugehen, dann schafft er es doch.

Ich schaue noch meine Maschinenpistole nach und dann ist Schluss für heute.

"Wascht Euch die Pfoten, der "Chef" lädt uns in die Taverne ein, er hat heute Geburtstag."

Unter der Tür des Hauses, in dem ich Quartier bezogen habe, steht Maria. Groß und schlank, ein schönes Mädchen. Sie ist Südtirolerin und hilft uns, wo sie nur kann, weil wir deutsche Soldaten sind.

"Na, Maria?"

"Sie möchten zu Vater kommen, er sitzt in der Stube!"

"Was will er denn?"

"Ich weiß nicht, er will Sie sprechen!"

"Unser Kompaniechef hat heute Geburtstag. In der Taverne wird gefeiert. Wollen Sie nicht mit hin-gehen?"

"Was soll ich dort, ich bin kein Soldat."

"Es werden viele Mädchen da sein."

"Nein, ich bleibe bei meinem Vater!"

"Also, einen Korb?"

"Sie wissen, dass mein Vater krank ist. Ich möchte ihn nicht allein lassen."

"Sehe ich ein. Also nichts für ungut. Nun will ich den alten Herrn nicht länger

warten lassen. Gute Nacht, Maria!"

"Gute Nacht und viel Vergnügen!"

Viel Vergnügen denke ich, als ich durch den Hausflur gehe. In diesem einsamen Kaff kann man nur saufen. Ich habe Maria gern und es ärgert mich, dass sie meine Einladung abgelehnt hat.

"Guten Abend!"
Ich trete durch die Tür des Wohnzimmers und muss mich bücken, um nicht mit dem Kopf anzusto-ßen. Marias Vater sitzt bei trübem Petroleumlicht in seinem Lehnstuhl.

"Guten Abend! Setz Dich hierher."
"Maria sagte mir, dass Sie mit mir reden wollen."
"Ja! Ich hab Dir etwas zu sagen. Ihr werdet morgen früh auf die Anger-Wand gehen, es sind Partisa-nen da gesehen worden."
"Herr Körner, woher wissen Sie das?"

"Lass' mal, wir Einheimischen wissen viel; wir haben unseren eigenen Nachrichtendienst. Doch genau so wie ich es weiß, werden es die Partisanen wissen. Ich kenne das Gelände, dort ist es ideal für Leute, die sich verbergen wollen. Auf plateauartigen Absätzen liegen mannshohe Felstrümmer in Massen und dazwischen wächst dichtes Unterholz, man kann das Terrain nicht auf 3 m übersehen. Das ist eine große Gefahr für Euch. Partisanen-Krieg ist anders als an der Front zu kämpfen, wo Du weißt, da vor Dir ist der Feind. Ihr seid Panzermänner und habt wenig Erfahrung im Infanteriekrieg. Seid vorsichtig! Geht langsam und schaut erst, bevor Ihr einen Schritt tut. Einer muss auf den anderen aufpassen. Nimm Dir meine Worte zu Herzen. Ich war auch jung und Soldat, man lacht leicht über Ratschläge von alten Leuten. So, nun kannst Du gehen. Maria wollte es, dass ich Dir das sage. Gute Nacht!"
"Gute Nacht!"

Die Worte des Alten haben mich nachdenklich gemacht. Ach was, es wird schon schief gehen.

Maria hatte es gewollt, dass er mit mir spricht! Vor dem Hause sehe ich sie nicht mehr, also gehe ich in die Taverne.

"Mensch, kommst Du spät!"

"Ich hatte ne Unterredung."

"Ach so! So nennt man das jetzt."

"Halt doch die Schnauze, Walter. Es ist eine seltsame Sache."

Walter Schüle, Panzerkommandant vom Wagen 108. Einer der durch dick und dünn geht. Ein Kerl ohne Nerven. Meine Erzählung nimmt er gelassen auf.

"Wir wollen morgen an den alten Körner denken."

Mehr sagt er nicht, aber ich weiß, dass er höllisch aufpassen wird.

Denn wie immer, werden wir mit unseren Besatzungen zusammen sein, wenn es morgen in die Berge geht.

Ein netter Abend. Es wird getanzt und getrunken, nur komme ich nicht richtig in Stimmung. Meine Gedanken sind bei Maria. Sie wird jetzt im niedrigen Wohnzimmer sitzen. Vielleicht ist sie mit einer Handarbeit beschäftigt oder sie liest. Sie liest gern, das weiß ich. In Mailand hat sie ein Pensionat besucht, davon hat sie erzählt. Sie war Führerin in der deutschen Jugendbewegung von Südtirol. Dann wurde ihr Vater krank und sie kam zurück, ihre Mutter ist schon lange tot.

Unbemerkt habe ich mich aus der Taverne verdrückt, es braucht keiner zu wissen, dass ich heut nicht in Form bin.

Das Schlafzimmer des alten Körner liegt über dem Wohnzimmer. Wenn er etwas braucht, klopft er mit dem Stock, der neben seinem Bett steht, auf den Boden.

Nach den langen Monaten härtesten Einsatzes in Russland sehne ich mich nach einem Menschen, der mir ein wenig Ruhe geben kann.
Ich gehe zu Maria.

Die Haustür ist verschlossen, einen Schlüssel habe ich nicht. Im Wohnzimmer brennt noch Licht, ich klopfe ans Fenster und Maria öffnet die Tür.
"Ich wusste, dass Sie zurückkommen würden."

Draußen wird es laut, die Kompanie sammelt zum Abmarsch.

"Auf Wiedersehen, Maria, es wird nicht lange dauern. Ich bin bald wieder da."
"Auf Wiedersehen, sei vorsichtig und vergiss nicht, um 8 Uhr essen wir zu Abend."
Ich muss sie noch einmal in die Arme nehmen.

Der Anstieg ist verdammt steil, steinig und unübersichtlich. Wir sind zugweise eingesetzt. Erster Zug links, wir in der Mitte, dritter Zug rechts.

"Mensch, Langer, der alte Körner hat nicht ganz Unrecht. Ein saudummes Gelände."
"Wenn wir nur schon auf dem Gipfel wären. Es lässt sich keine Maus sehen. Entweder wieder ne Falschmeldung, oder die Partisanen haben Lunte gerochen".

Mein Schütze I will schlapp machen, wir sind verflucht schwer beladen. Mit Munitionskästen, MG's, Handgranaten usw..
"Die Kette etwas weiterziehen, damit der Anschluss rechts und links nicht verloren geht", Möllen-dorf kriecht hinter uns vorbei und gibt seine Befehle nur im Flüsterton.

Jeder Lärm ist zu vermeiden, schlagende Metallteile, wenn nötig umwickeln, so hieß es heute früh bei der Befehlsausgabe.

Die Spannung steigert sich, seit die Meldung vom ersten Zug durchkam, dass einzelne Personen im mannshohen Unterholz gesehen wurden.

Es ist höchste Aufmerksamkeit und Ruhe befohlen. Kein Wort wird gesprochen. Vor jedem Schritt versuche ich ein paar Meter vor mir die Felsklötze und das Unterholz mit Blicken zu durchdringen. Ich habe die Maschinenpistole im Anschlag und mir ist mulmig.

"Um 8 Uhr essen wir, hatte Maria gesagt."

Ich stehe hinter einem Felsblock und starre in das Unentwirrbare vor mir. Nun, da wir bald auf dem Gipfel sind, wird das Terrain übersichtlicher. Trotzdem täuschen mir jetzt meine überanstrengten Augen Dinge vor, die nicht vorhanden sind und die Überzeugung, dass hier wieder kein Mensch anzutreffen ist, wird in mir immer stärker.

Der Gipfel ist erreicht. Kein Zwischenfall hat sich ereignet. Die Kompanie sammelt sich und Wachen werden ausgestellt.

Hundemüde sinken wir nieder, wo wir gerade stehen und werfen die Klamotten ab, tun gierige Züge aus der Feldflasche und verschlingen unser, von der Hitze ausgedörrtes Brot.

Maria hat mir ein Päckchen mit kuchenähnlichem Gebäck in die Tasche gesteckt. Obenauf liegt ein kleiner Fetzen Papier, wahrscheinlich in Eile irgendwo abgerissen und beschrieben.

"Ich bin bei dir."

Die Ruhe tut gut, den ganzen Tag könnte ich hier liegen bleiben. Es ist jetzt 1 Uhr mittags. "Um 8 Uhr essen wir zu Abend", hatte Maria gesagt.

"Zugführer und Kommandanten vom 2. Zug zum Chef!"

"Das hat gerade noch gefehlt!" Schüle flucht wie ein Rohrspatz.

Der Alte steht am Rand des Gipfels, als wir uns bei ihm melden.

"Schaut mal hier runter", er weist mit der Hand nach unten, "seht Ihr die Felsplatte?"

"Jawohl, Hauptsturmführer!"

Auf der anderen Seite fällt der Berg fast senkrecht ca. 60 m vom Gipfel ab. Wie an die Steilwand geklebt, stößt dann ein Plateau, das 80 m breit und 200 m lang sein mag, aus dem Fels hervor. Dann fällt der Berg weiter ab. Ganz unten im Tal liegt ein blendend weißes Band, es wird eine Straße sein. Auch das Plateau ist mit Felstrümmern übersät, zwischen denen Unterholz üppig wuchert.

Vom Gipfel, auf dem wir stehen, laufen zwei schmale Pfade nach unten. Nicht breiter als ein Fensterbrett, einer nach links, der andere nach rechts. Ich vermute, dass sie auf den jeweiligen Enden des Plateaus auslaufen.

Der Alte gibt uns die Lage und darauf wird, wie schon so oft, ein Befehl kommen.

"Wenn wirklich etwas los sein sollte, dann kann sich die Meute nur auf dem Plateau da unten auf-halten. Ich glaube nicht, dass wir da noch jemanden finden. Wenn Partisanen hier waren, sind sie sicher schon über alle Berge. Doch der Ordnung halber kämmen wir das Ding dort unten durch. Besatzung 108 und 111 benützt den rechen Pfad, bildet eine Kette über die gesamte Breite des Plateaus und bleibt liegen. Besatzung 106 - 116 nimmt den linken Weg und kämmt durch. Wenn die Kerle sich versteckt halten, werden sie aufgescheucht und da ich vermute, dass sie den weniger steilen Abstieg an den Schmalseiten des Plateaus dem steilen an der Breitseite vorziehen werden, würden sie auf 108 und 111 auflaufen".

"Eine bessere Treibjagd", murmelt Schüle, als wir uns fertig machen.

Wir gehen 15 Minuten früher los, als die anderen, die durchkämmen müssen. Wir haben uns mit 10 Mann über 80 Meter zu verteilen und in diesem Steingewirr eine günstige Stellung zu finden, die ein einigermaßen gutes Schussfeld zulässt, erfordert Zeit.

Der Pfad ist manchmal keinen 1/2 Meter breit. Mit unseren sperrigen Waffen bleiben wir oft an der Wand hängen. Ich bin nicht schwindelfrei. Wie Gämsen schmiegen wir uns an den Fels und ich wage nicht, den Kopf nach links zu drehen, denn dort ist nichts, nur weit unten das verdammte Plateau.

"Rechts, rechts", unkt Schüle. Ein Glück, dass es hier nicht noch Katzen gibt, die uns über den Weg laufen können."

"Du möchtest wohl auch lieber umkehren?" Meine Stimme ist ganz heiser.

"Das wäre nicht schlecht, wenn nur die Kehrtwendung nicht so schwierig wäre."

Mir ist miserabel zumute. Ich bewundere Walter, wie er geschmeidig wie eine Bergziege jeden kleinen Halt ausnützt und doch seine Augen überall hat. Dabei findet er noch Zeit zu blöden Witzen. Nein, der hat keine Nerven.

Meine sind bis zum Zerreißen gespannt und der Angstschweiß bricht mir aus allen Poren. Wenn bloß dieses verdammte Schwindelgefühl nicht wäre.

Der Pfad ist zu Ende und wir stehen auf dem Plateau. Wenn ich jetzt die Wand hoch schaue er-scheint es mir fast unmöglich, dass auf diesem Pfad eben 10 Männer abgestiegen sind.

"Langer, ich fange hier mit meinen Leuten an. Wir verteilen uns bis zur Mitte, Du nimmst eben die andere Hälfte, bis es wieder runter geht. Du hast ja ne besondere Vorliebe für Abgründe".

"Wo bleibst Du?"

"In der Mitte."

"Schön, ich gehe ganz nach rechts, damit Du Deine Befriedigung hast, alter Sadist".

Wir trennen uns. Ab Mitte des Plateaus verteile ich meine Besatzung. Für das erste MG finde ich eine Stellung, die immerhin auf 10 m das Schussfeld frei gibt. Es ist unwahrscheinlich, wie hier Felsbrocken neben Felsbrocken liegt und sich zu unübersehbarem Gewirr vermengt.

Am Ende der Felsplatte geht es wieder steil bergab, wenn auch nicht senkrecht, aber immerhin.

Wiegand, meinen Richtschützen mit dem zweiten MG habe ich bei mir und ich zeige ihm den Platz, wo er in Stellung gehen soll. Das Schussfeld ist gleich Null, aber etwas Besseres gibt es nicht. Der arme Kerl zittert an allen Gliedern, es ist sein erster Einsatz und er tut mir leid.

"Mensch, Fritz, nun reiß Dich doch zusammen und rauche eine Zigarette. So schlimm ist's auch wieder nicht und wenn es zum Treffen mit unseren Leuten kommt, ist kein Schwein hier und die ganze Aufregung war umsonst."

Wir liegen nun schon 40 Minuten hier, die anderen müssten schon das Plateau durchkämmen. Zu sehen ist nichts, aber ab und zu höre ich Steine rollen und hin und wieder auch ein paar undeutlich gemurmelte Worte. Die Unruhe meines Kameraden steckt mich an. Meine Uhr zeigt 15.00 Uhr.

MG-Feuer ganz links, das muss drüben bei Schüle sein. Nun bellt auch mein erstes MG auf, das ich in der Mitte zurückließ.

"Leg den Sicherungsflügel um und zieh die Knarre fest in die Schuler. Wenn sich was zeigt, halte drauf. Ich schaue mal, was da drüben lost ist".

Das Feuer hat sich verstärkt - eine tolle Knallerei ist im Gange - und das Echo gibt die Schüsse drei-/viermal verstärkt zurück. Ich bin noch keine 5 Schritte von Wiegand weg gegangen, da ballert auch er los.

Ein Brocken gibt mir Deckung. Verdammt, da springen sie auf uns zu, 5 bis an die Zähne bewaffnete Kerle.

10 m mögen sie noch entfernt sein. Ich jage ein, zwei Magazine durch meine Maschinenpistole und auch Fritz schießt wie der Teufel. Doch die Kerle kommen respektlos von Stein zu Stein näher.

Einen Augenblick nehme ich mir Zeit, Fritz bei seiner "Arbeit" am MG zu beobachten. Ich glaube nicht richtig zu sehen, 3 m vor seiner Mündung spritzt das Geröll hoch.
"Du Idiot, schieß nicht in den Sand. Los, weg von der Knarre und bring mir noch einen Kasten Munition."

Nun habe ich es nicht sehr schwer, den sorglosen Herren, die wohl sehr schnell gemerkt haben, dass der Soldat dort hinter seinem Maschinengewehr ein aufgeregter Anfänger ist, zum Tanz aufzuspielen. Die Feuerstöße sitzen gut und mancher Körper verschwindet mit einem kleinen Schrei hinter einem großen Stein, ohne wieder hervorzukommen.

Der Drang zur Annäherung scheint bei denen gemäßigt zu sein, aber bei Schüle drüben geht es hoch her. Die kleine Verschnaufpause muss ausgenützt werden.

"Los, Fritz, schnapp Dir die Munition, wir pirschen uns hier am Rand vor und packen die Kerle von der Flanke."

Der Kamerad zittert wie Espenlaub und stolpert hinter mir her, ohne auf seine Deckung zu achten.
"Du Arschloch, nimm Deinen Kürbis runter und mach die Augen auf, Du ....

ratatatatata, ratatatatata, ...

Ich liege lang hinter einem Felsblock. Da halb links vorn sitzen die Kerle mit einem MG. Noch zwei, drei Feuerstöße jagen sie mir über den Kopf und dann komme ich mal dran.

Drüben bei Schüle wird es immer verrückter. Jetzt knallen auch Handgranaten und wenn ich richtig höre, schießen die Partisanen mit Granatenwerfern. - Jetzt haste Arbeit, Schüle.

Aber vor mir liegt ja auch noch wer. Die sind sehr still geworden und wollen vielleicht die Stellung wechseln.

Ich bin fast heiter und wie erlöst, fällt nun die unheimliche Spannung von mir ab.

"Gib mir eine neue Trommel, Fritz! Los, Kerl mach hin!"

Ich bekomme keine Antwort und wende mich um. Ich bin allein. Schweinerei! Der hat in die Hose geschissen und ist zurück geblieben!

Ich muss ein Stück zurück, denn ich brauche Munition. Die Partisanen merken, dass bei mir etwas nicht stimmt. Ich laufe und falle, springe wieder hoch und fliege in die nächste Deckung.

Die Partisanen haben ihr MG auf einen Stein gesetzt und zeigen sich ganz unverblümt. Einen Feuer-stoß nach dem anderen jagen sie mir nach, aber ich habe schon Boden gewonnen und da, hinter jenem Felsen vor mir, habe ich zuletzt mit Fritz gesprochen. Der letzte Sprung, ein paar rasende Schritte und wieder hinhauen. Ich falle weich und Querschläger pfeifen mir um die Ohren.

"Fritz Wiegand!"

Er liegt unter mir und hat ein Loch im Kopf.

"Entschuldige, ich habe Dir Unrecht getan, Du konntest nicht weiter mit kommen. Aber da, die bei-den gefüllten Trommeln an Deinem Koppel, die brauche ich. Ich muss schießen, sonst liege ich in ein paar Minuten mausetot neben Dir."

Die Deckung gibt wenig Platz und ich mussmeine Bewegungen knapp bemessen, um mir keine Blöße zu geben. Und dann hören die drüben auf zu schießen, sie springen jetzt auf mich zu. Mit fliegenden Händen reiße ich Fritz die Trommeln vom Koppel. Deckel hoch, Gut durchziehen, Deckel runter, Schloss spannen und Sicherungsflügel herum. Klemmt! Verdammt, Sekunden können eine Ewigkeit sein. Einen Stein her, knack! Gottseidank! Nun den Finger an den Abzug und die Knarre in Anschlag bringen. Keine 6 m vor mir: 3 Mann und einer hat das MG in die Hüfte eingezogen, ein riesiger Schreck durchfährt mich - wenn ich jetzt Ladehemmung habe -.

Ich krümme den Zeigefinger der rechten Hand, der Abzug Bügel schlägt zurück und dann peitscht eine Garbe aus dem Lauf, die kein Auge trocken lässt.

Wie ein Motor rattert das MG. Zwei fallen. Getroffen! Der dritte springt noch hinter einen Felsbrocken. Ich lasse den Abzug los, die Trommel ist leer geschossen. Also, die nächste, die letzte.

Während ich lade sehe ich, wie der Mann hinter dem Felsbrocken hervorlangt und seinem toten Kameraden das MG aus dem Arm zieht. Noch kann ich nicht schießen. Als ich fertig bin, hat mein Gegner die Zeit gut genutzt und jetzt steht es gleich zu gleich. Da ist auch schon sein erster Feuerstoß. Vorbei! Nun gehe ich in Anschlag: So geht es, drei, viermal hin und her, einmal er, einmal ich.

Ein zäher Bursche ist der Kerl dort drüben. Jetzt taucht er wieder hinter seine Deckung. Ich lege mich ganz leise in den Anschlag. Wenn er diesmal den Kopf hebt......

Leicht kringelt der Rauch aus der Mündung meines MG-Laufes. Er hat die Arme hochgeworfen und ist mit einem Schrei zurückgefallen.

Links drüben bei Schüle wird's immer toller.

Hier scheint der Weg jetzt frei zu sein. Nun wollen wir doch sehen, ob wir nicht bald Ruhe haben.

Von unseren Kameraden, die durchkämmen sollen und doch im Rücken der Partisanen sein müssen, höre und sehe ich nichts.

Erst muss ich nochmal ein Stück zurück, dorthin, wo ich Fritz Wieland vor 1/4 Stunde den Rat gab, eine Zigarette zu rauchen. Wir haben dort einen Kasten Munition zurückgelassen.
Hier muss es gewesen sein. Hinter einem Stein steht der kleine braune Blechkasten, kaum größer als eine Zigarrenkiste, aber weit inhaltsschwerer.
So, die Knarre in die rechte Hüfte, den Kasten in die linke Hand und nun mal sehen, was los ist. Wenn ich jetzt bei Fritz vorbeikomme, werde ich sein Soldbuch und die Hälfte der Erkennungsmarke mitnehmen.

"Da liegst Du nun, Fritz. Hättest ein bisschen besser aufpassen sollen, aber dazu warst Du wohl zu aufgeregt. Dein Soldbuch und die halbe Kennungsmarke nehme ich mit, ich werde Deiner Frau schreiben. Schlaf gut Kamerad, da drüben liegen noch drei. Einer von ihnen hat die Kugel abge-schossen, die Dir im Kopf steckt. Vielleicht seid Ihr jetzt schon friedlich beieinander, habt Euch die Hand gegeben und verziehen."

Ich gehe weiter. Hinter dem Felsbrocken da muss der liegen, der zuletzt mit dem MG schoss. Es war ein zäher..........

Ein fürchterlicher Schlag gegen meine linke Schulter wirft mich zu Boden. Meine Augen schwimmen, trotzdem schaue ich zurück. Drei Meter hinter mir, dort wo er mit hochgeworfenen Armen umfiel, liegt der Partisan. Den Oberkörper leicht aufgerichtet und auf den rechten Ellenbogen gestützt. Einen großen Blutfleck hat er mitten auf der Brust und die linke Faust umklammert eine Pistole. Ein zufriedenes Lächeln liegt auf seinem Gesicht, dann fällt er zurück und streckt sich.

Ich war doch schon vorbei. Warum wird es dann plötzlich so dunkel? Warum rollen hier lauter bunte Räder herum und was soll der laute Donner? Dann wird der Körper ganz leicht, als wolle er davon fliegen.

"Um 8 Uhr essen wir Abendbrot."

Ja, Kamerad aus Italien, so lernten wir uns kennen. Ich traf Dich und dann hast Du mich nieder ge-schossen.
Wie es weiter ging willst Du wissen? Nun, das ist schnell erzählt.

Als ich erwachte, lag ich noch auf derselben Stelle, doch bis auf das Hemd hatte ich nichts mehr auf dem Körper. Deine Genossen standen um mich herum und hatten mich ausgezogen. Vielleicht sollte meine Uniform zu irgendeinem Handstreich dienen.
Mir fielen vor Schreck die Augen wieder zu. Also wart Ihr Sieger geblieben, denn sonst würden die ja nicht so ruhig hier herumstehen.

Ich wurde in eine Hütte getragen, die auf der Felsplatte stand und die wir vom Gipfel aus nicht gesehen hatten. Ja, Meister im Tarnen ward Ihr schon.
Dort lag ich 3 Tage zwischen Bewusstsein und Ohnmacht. In klaren Augenblicken überlegte ich mir noch, warum mir Deine Genossen nicht den Gnadenschuss gaben, wie es sonst doch üblich war.
Aber im Gegenteil, sie hatten mir sogar einen von ihnen gefangenen Italiener zur Pflege gegeben. Der hat mir den ersten Verband angelegt. Einfach, aber praktisch. Ein runder Stein mit einem Tuch umwickelt und mit einem Riemen fest auf die Wund an der Schulter geschnürt, erfüllte seinen Zweck vollkommen. Die starke, stoßweise Blutung hatte nachgelassen, wenn auch nicht ganz auf-gehört.

Ich wurde von Tag zu Tag schwächer. Der Italiener erzählte mir in gebrochenem Deutsch, dass meine Kameraden fliehen mussten und "viele Mann kaputt sein."

In mir wurden Fluchtgedanken wach. Doch ich konnte meinen Körper ohne fremde Hilfe nicht be-wegen. Darüber sprach ich mit dem Italiener. Der schüttelte nur den Kopf.

Aber dann kam die vierte Nacht. Es mag Mitternacht gewesen sein, als mich mein Pfleger aus dem Schlaf riss.
"Schnell, schnell, wir gehen, Partisan viel Schnaps, viel schlafen." Er wälzte mich auf den Bauch und band mir den linken Arm auf dem Rücken fest, denn der gehörte nicht mehr zu mir. Er schlenkerte und baumelte hin und her, wie er wollte und kümmerte sich überhaupt nicht mehr um meinen Willen. Dann krochen wir los. Ich voran, mein italienischer Mitgefangener hinterher, um mich zu schieben und zu stützen.

So krochen wir, es ist verdammt schwer. Wieder diese verdammten Felsblöcke. Mein Helfer hinter mir weist die Richtung.
Ich schwitze vor Angst und Anstrengung. Der Schmerz in der Schulter ist kaum auszuhalten und ich muss die Zähne zusammen beißen, um nicht wieder ohnmächtig zu werden. Durch meine plumpen Bewegungen kommen Steine ins Rollen und das Schleifen meines Körpers dröhnt mir fast in den Ohren. Ich bilde mir ein, einen furchtbaren Lärm zu machen.
Wenn das mal gut geht.

Soweit ich mich orientieren kann, müssen wir uns quer über das Plateau schieben. Die Hütte, in der ich lag, stand direkt an der senkrechten Wand, die wir heruntergekommen waren. 80 m ist die Felsplatte breit, 60 m mögen wir gekrochen sein. Aber dann, dann kommt ja wieder ein Abgrund.
Schüle hatte vor Tagen noch im Scherz behauptet, ich solle ganz nach rechts gehen, bei meiner Vor-liebe für Abgründe.

"Ja, Walter, diesmal wird es eine unglückliche Liebe sein, denn in meinem Zustand werde ich nie, und sei es auch mit fremder Hilfe, die Wand hinunter kommen."

Plötzlich erscheint mir diese Flucht vollkommen zwecklos. Ich bin erschöpft und bleibe liegen. Der Italiener drückt und schiebt an meine Fußsohlen.

"Komm", seine Stimme ist heiser und gepresst.

Weiter? Na schön, es ist ja egal, ob hier Schluss ist oder da unten.

Noch 10 m mögen es sein, da brüllt es drüben an der Hütte auf. Wie hätte es auch anders sein können, man hat unsere Flucht entdeckt.

Der Italiener schiebt und drückt wie verrückt. Fast stößt er mich ohne meinen Willen vorwärts. Ich wende mich zurück.

"Lauf zu, ich komm schon von allein."

Er hält inne und scheint zu überlegen.

2, 3 Fackeln tauchen plötzlich hinter uns auf, in ein paar Sekunden soll es nun für immer vorbei sein. Aber jetzt gerade nicht.

Der Italiener scheint denselben Entschluss gefasst zu haben. Er springt auf und will die wenigen Meter, die uns noch vom Rand des Plateaus trennen, im Lauf überwinden. Das ist sein Verhängnis.

Hinter uns ballert eine Maschinenpistole und mein tapferer Gefährte stürzt wie ein gefällter Baum zu Boden.

Ganz kurz hinter mir sind die Verfolger. Noch haben sie mich nicht entdeckt. Ich versuche mich langsam über den Rand hinunter zu lassen Dieser Stein müsste meinem Fuß Halt geben und an der kleinen Tanne, muss meine rechte Hand anfassen.

Ich habe mir zu viel zugemutet. Das ist Todesangst!

Mein Fuß findet den Halt nicht und die Tanne löst sich aus dem Fels. Schön ist es zu fallen und nichts, gar nichts zu spüren.

Um es kurz zu machen:

Ich scheine nicht allzu tief gefallen zu sein. Eine Munitionskolonne, die unten auf der Straße fuhr, sah mich oben an der Wand hängen. Ich hatte mich in den Sträuchern verfangen.

Bei dem Sturz waren Beine, Becken und Rippen gebrochen. Man schrieb den 4. Oktober und am 29. September waren wir aus der Hütte geflohen. Man transportierte mich von Görz nach Udine ins Lazarett.

Nach 6 Wochen war das Schwerste überstanden, ich fühlte mich wohler.

An einem Tag im November trat ein Leutnant an mein Bett, es war der Führer der Munitionskolon-ne, die mich gefunden hatte.

"Als Dich drei meiner Leute herunter holten, glaubten wir alle Du seist tot. Doch unser Sani klärte uns auf. Du musst wie ein Schwein geblutet haben und warst am ganzen Körper rot wie ein Indianer. Die Sonne hat es auch gut mit Dir gemeint, es war ein schöner Sonnenbrand. Na, und die Arme und Beine, schaukelten wie bei einem Hampelmann. Aber nun sind Sie ja wieder in Richtung gebracht. Hast'n Bombenschwein gehabt, Kamerad."

Ja, ich hatte Glück gehabt. Eines Tages kam dann Walter Schüle und erzählte vom Kampf und Rück-zug aus der Wand, von den Kameraden, die geblieben sind. Von der Kompanie, die oben auf dem Gipfel zusehen musste, ohne eingreifen zu können. Walter war mit einigen kleinen Kratzern aus dem Schlamassel herausgekommen. Funker und Fahrer hat er verloren.

Ich war glücklich, dass der Freund lebte und wir haben noch manchen Schuss Pulver zusammen verschossen.

Ja, Kamerad, das war mein Erlebnis bei Dir, in Deinen Bergen. Wenn Du lebst und es vielleicht eines Tages liest, wird es Dir eine lebendige Erinnerung an jenen heißen 26. September 1943 sein.

Was aus Maria geworden ist, fragst Du?
Ich weiß es nicht Kamerad, ich habe sie nie mehr wieder gesehen.

Ob sie wohl mit dem Abendbrot gewartet hat?

Ende Rückblick

ST. ETIENNE – ZWANGSARBEIT

Zwei Tage sind nur seit der Untersuchung durch den Minenarzt vergangen. Zwei Tage, voll von neuen Eindrücken und Ereignissen.

Gestern Morgen, mit der zweiten Schicht, bin ich das erste Mal in einen Förderkorb gestiegen und eingefahren.
Vom "Fahren" zu sprechen fand ich unpassend. Wir Neuen hatten das Gefühl, als ob der Korb sich losgerissen hätte und im freien Fall durch den Schacht stürzte.
Dann sah ich zum ersten Mal die Welt unter ihrer Oberfläche. Mein Gott, wie ganz anders hatte ich mir ein Bergwerk vorgestellt. In meiner Phantasie hatte ich immer an schnurgerade, gut ausgebaute Stollen gedacht, in denen Gleise für die Loren liefen, in denen man bis zum Ort fahren konnte. Na, und überhaupt, es war eben ein Phantasiebergwerk, dass musste ich jetzt einsehen.

Der Obersteiger wollte uns zum Ort bringen. Dabei ging es durch nicht endend wollende Stollen, gut abgestützt und fast mannshoch. Neben uns rollten beladene Hunde im ständigen Gleichmaß hin zum Förderkorb, andere kommen leer zurück und verschwinden irgendwo im gespenstigen Halbdunkel.
Der Obersteiger verteilte uns an die verschiedenen Hauer und dann führte mich der, dem ich zugeteilt war, weiter.

Wir verließen den Hauptstollen und damit die bequeme Herrlichkeit. Jetzt erst musste ich erfahren, wie wenig ich vom Bergbau ahnte. Was jetzt kam, nein, das hatte ich nicht erwartet. Einmal ließ der Gang nur das Kriechen zu, er ging bergauf und bergab. Ein Stück konnte man laufen, dann wieder bücken, durch einen Spalt zwängen, runter auf den Bauch und wieder kriechen. Hier einen Wasser-lauf überspringen, dort am Seil über eine Schlucht handeln. Dazu immer der ohrenbetäubende Lärm einer Schüttelrutsche, die in dem schmalen Gang auch noch ihren Platz beanspruchte und die Kohle mit kurzen Stößen bis in den Hauptstollen beförderte. Doch dann waren wir endlich vor Ort.

"4 1/2 Kilometer sind es jetzt bis zum Schacht", erklärt mir der Hauer.

Ich war halbtot, bevor ich eine Kohle auf der Schaufel hatte. Hier am Ort war der Stollen ungefähr einen Meter hoch und wir knieten im Wasser. Abgestützt war der Stollen nur hie und da, wahrscheinlich an besonders brüchigen Stellen. Jetzt konnte ich mir schon vorstellen, dass hier fast jeden Tag etwas passierte.

Ja, und dann ging's los, 900 m unter Tage. Die Kohle war leicht zu brechen. Bei jedem Schlag, den mein Hauer tat, ließ er eine ansehnliche Menge in das fußhohe Wasser rieseln.

Ich musste mich höllisch beeilen das Zeug auf die Rutsche zu bringen. Manchmal sah ich kaum noch einen Schimmer von der Gruben-Lampe.

Dann heulte eine Sirene, - ich vernahm sie nur ganz von fern -, sie musste im Hauptstollen stehen. Vesper. Sogar die Schüttelrutsche hörte auf zu krakeelen. Mein Hauer war Pole.

"Franzosen, gibt es hier unten außer den Steigern nur wenige", erzählt er mit kauendem Mund und teilt sein Brot mit mir.

"Die Arbeit ist zu schwer und zu gefährlich."

Einen Becher Wein gibt er mir, bevor er weiter erzählt, dass man hier alle Nationen und Rassen treffen könnte.

Die Pause ist vorüber!

Weiter Schippe um Schippe auf das entsetzlich ratternde Ding neben mir. Bei jedem Schaufelwurf rinnt mir das schwarze kalte Wasser über Arme und Brust. Mir ist, als wenn ich an der Hüfte ab-brechen musste, denn meine Länge ist hier nicht am richtigen Platze. Mein Rücken brennt und die Arme sind schwer wie Blei.

Der Pole hat dann, Gottseidank, ein Einsehen.

"Die ersten Tage sind die schwersten", sagt er.

"Alles ist Gewohnheit, nach ein paar Wochen ist es Spielerei für Dich. Jetzt machen wir Schluss für heute."

Erschöpft setze ich mich einfach ins Wasser und sitze, bis die Sirene zum Rückmarsch ruft.

6 Stunden waren wir am Ort, 2 Stunden werden als Hin- bzw. Rückweg gerechnet.

"Heute haben wir 1 Stunde gefaulenzt, aber das werden wir wieder gut machen. Es gibt nämlich ein Soll, das wir erreichen müssen." Der Mann sprach pausenlos und wäre er nicht von Kopf bis Fuß schwarz gewesen, hätte ich glauben mögen, er wäre gerade eingefahren, so frisch und heiter war er.

Geduscht habe ich mich, als ich schon halb schlief und die Fahrt im Förderkorb kaum wahrgenommen habe. Dann fiel ich aufs Bett und schlief, obwohl mir der Magen knurrte. Niemanden ging es besser.

Ein paar Wochen war ich nun schon Bergmann und wartete immer noch auf den Tag, der mir die Arbeit zur Spielerei machen sollte. Er kam nicht. Mit meinem Hauer verstand ich mich prima. Er war ein guter Kumpel und überhaupt spürte man unter Tage kaum den Unterschied zwischen Gefangenen und Zivilisten.

Ja, wir durften auch sonntags mit Bewachung spazieren gehen. Die Verpflegung war gut und hätten die Unterkünfte nicht vor Kohlenstaub gestrotzt, wären sie fast gemütlich gewesen.

Jeden Tag fehlten einige Kameraden. Je nachdem, wie groß das Unglück oder die Einbruchstelle unter Tage war. So hatten wir zunehmend Platz in unseren Räumen, bis dann mit neuen Gefangenen aufgefüllt wurden.

Schön und gut, jedoch der Tag, an dem unsere Arbeit zur "Spielerei" werden sollte kam nicht. Aber der Tag, an dem meine Schulter nicht mehr mit machte, stand nahe bevor.

Der Minenarzt schrieb mich untauglich und dann saß ich wieder im Lager.

Noch immer treibt der „Lastensegler" sein unsauberes Geschäft und noch immer bin ich von dieser Atmosphäre angewidert. Ich warte auf ein neues Arbeitskommando.

Am nächsten Morgen erwache ich, weil jemand meinen Namen ruft. Es ist einer von der Lagerpolizei.
"Komm mache Dich schnell fertig, am Tor steht ein Monsieur und will Dich mitnehmen."
Das klingt anständig und ich fühle, dass ich von meiner ersten Bekanntschaft mit dem Lagerpolizisten "Weißt Du", nicht auf alle schließen kann.

Kurze Zeit später stehe ich mit zwei, mir fremden Kameraden, draußen vor dem Lagertor. Der Franzose ist ein stämmiger Mann, mit der unvermeidlichen Baskenmütze auf dem Kopf. Er mag 45 Jahre alt sein und hat ein gemütliches rotes Gesicht.
"Guten Tag", sagt er und lächelt.

Schon mit diesem "guten Tag" hat er uns ein bisschen froh gemacht. Als wir dann in die Straßenbahn steigen und er uns inmitten seiner Landsleute eine Zigarette anbietet, obwohl ihn alle Fahrgäste mit mürrischen Blicken mustern, hat er meine ganze Sympathie. Die kommenden Wochen sollten mir Recht geben. Er war von einer Baufirma als Wächter angestellt und hatte die Aufgabe, die Kriegsgefangenen, es waren 30 Mann, die die Firma zum Bau einer Pumpstation des Wasserwerkes von Saint Etienne zugeteilt bekommen hatte, zu bewachen.
Er war ein ruhiger, angenehmer Mensch und half uns später oft und gern mit kleinen Dingen, die für uns so großen Wert hatten.
Und doch musste ich ihm, ausgerechnet ihn, eine große Unannehmlichkeit bereiten. Doch ich will nicht vorgreifen.

"Wie geht es Euch", fragt er. "Wo kommt Ihr her und wo seid Ihr gefangen worden."

Er spricht ein gutes Deutsch und meine Kameraden erzählen ihm nun, froh darüber, endlich einmal einen Menschen gefunden zu haben, der kein Gefangener ist und doch Anteil an ihrem Schicksal nimmt, alles Wissenswerte.

"Endstation, wir müssen aussteigen und noch ein Viertelstündchen laufen."
Unwillkürlich muss ich bei seinen Worten an Straßburg denken. Sagte der Leutnant damals nicht auch etwas von einer Viertelstunde? Doch wie ganz, ganz anders ist es jetzt. Gemütlich gehen wir zu viert nebeneinander auf der Straße, rauchen und erzählen. Wir sind neugierig, wo wir jetzt arbeiten müssen und haben hundert Fragen, die er mit Engelsgeduld und immer mit seinem guten Lächeln im Gesicht beantwortet. Mir war während meiner Gefangenschaft noch nicht so wohl wie jetzt.

Das ist also auch ein Franzose. Wie ganz anders als die, die ich bisher kennenlernte. Bis jetzt kannte ich nur Hass. Aber mit wem bin ich auch schon zusammengekommen? Das waren Marokkaner, Elsässer, na, und eben Soldaten und der Pole auf der Mine. Eigentlich ist das der erste französische Zivilist, den ich nach Kreisschluss kennenlernte und der ist gut, unbedingt gut.

Aber wenn nun alle, oder die meisten so sind, warum hassen wir sie dann.
"Na, junger Kamerad, warum so still?"
"Ich dachte gerade darüber nach, warum der Hass zwischen Franzosen und Deutschen besteht."
"Wie kommst Du ausgerechnet jetzt auf diesen Gedanken?"
"Weil Sie so anders sind, als alle Landsleute von Ihnen, die ich bisher kennenlernte."
"Ich bin nicht anders, ich habe nur den Mut, aus meinem Herzen keine Mördergrube zu machen. Glaubst Du denn, alle anderen haben kein Mitleid mit Euch Gefangenen? Aber sie haben Angst es zu zeigen, weil sie fürchten, dann von ein paar, vom Hass Verblendeten,

verschrien zu werden. Merke Dir mal eins, wenn Du einen Franzosen kennen lernen willst, und wenn Du wissen willst, wie er über Dich und Deutschland denkt, dann musst Du mit ihm allein sein. In der Masse versteinert sein Herz, weil er sich geniert, vor seinen Landsleuten den uralten Gürtel des Hasses zu zerreißen und sein wahres Gesicht zu zeigen."

Unser Weg geht jetzt steil bergan, die Gegend hier hat einen fast schon ländlichen Charakter. Kleine Häuser, herrlich zwanglos gebaut und durcheinander gewürfelt inmitten blühender Gärten. Die Menschen südlich bunt gekleidet, lachend und temperamentvoll. Wende ich mich um, geht mein Blick hinunter auf Saint Etienne. Es füllt fast den ganzen Talkessel aus.

Immer weiter geht die Straße bergan. Natürlich wird das Wasserreservoir, an dessen Bau wir uns beteiligen sollen, hoch über der Stadt liegen.

Ein romantisches kleines Haus, von weit auseinander stehenden Stacheldrähten eingezäunt, erweckt meine Aufmerksamkeit. Im sauber geharkten Hof stehen roh gezimmerte Tische und Bänke. Hier sitzen Männer, die von Porzellantellern essen. Ein weiß gekleideter Koch trägt große Terrinen auf. Lustige Zurufe von einem Tisch zum anderen, bis einer auf uns drei aufmerksam wird.

"Die Neuen kommen."

Alle Augen schauen uns nun abschätzend an, als wir durch eine Tür in den Hof treten, die wohl nur der Form wegen in den Angeln hängt. Sie besteht aus einem dünnen Lattenrahmen, in den man ein paar Stacheldrähte verspannt hat.

Mein erster Eindruck ist der allerbeste. Die Unterkunft, ein typisch französisches Landhaus, hat im Erdgeschoß einen Aufenthaltsraum mit anschließender Küche und im ersten Stock den Schlafsaal mit Wolkenkratzerbetten, immer vier übereinander. Alles macht einen sauberen Eindruck und ist irgendwie gemütlich.

30 Gefangene sind hier, meist ältere Leute, die von der Wehrmacht kommen. Sehr wohltuend empfinde ich, dass es hier keinen Unterschied zwischen Neuankommenden und Alteingesessenen gibt.

Man spielt Schach und liest, hört bei einer Gruppe politische Gespräche, während andere Karten spielen.

Selten spricht einer vom Essen! Ein Zeichen für mich, dass der Hunger hier nicht all zu groß sein kann. Für mich ist das fürs erste genug, um den kommenden Wochen optimistisch entgegenzusehen.

Ich habe gut geschlafen. Doch nachdem wir erst im Lager entlaust wurden und frei von Ungeziefer waren, habe ich jetzt am ganzen Körper juckende, rote Beulen von den Bettwanzen. Es muss eine Elitetruppe gewesen sein, die heute Nacht bei mir zum Verpflegungsempfang war.

Frühstück.

Wieder wird vom blütenweißen Koch und einem Helfer serviert. Es geht hier überhaupt angenehm kultiviert zu, bei einiger Phantasie könnte man sich als Hotelgast fühlen. Ohne Hast verzehrt jeder sein Brot, obwohl zwei französische Vorarbeiter bereits warten, die Arbeitseinteilung vorzunehmen. Gemütlich unterhalten sie sich mit dem und jenem und mein Eindruck, dass hier ein sehr an-genehmes Verhältnis zwischen Franzosen und Deutschen besteht, verstärkt sich.

An einem Tisch scheint sich eine interessante und lustige Gesellschaft zusammen gefunden zu haben. Ein Stuhl war frei, die Gesichter der fünf Männer sind sympathisch. Nun werde ich immer hier sitzen.

Es ist Mittagspause. Das Essen war gut und reichlich. Nur ist es für mich noch etwas ungewohnt von Tellern zu essen, ich hatte mich so an meine Konservenbüchse gewöhnt.

Ich liege im Gras hinter dem Haus und während ich den Wolken nachschaue, die nach Osten ziehen, hänge ich meinen Gedanken nach. Für die Dauer meines Hierseins habe ich eine angenehme Beschäftigung. Ich bin dem Bagger zugeteilt und habe nur, wenn der gefüllte Greifer über der zu beladenden Lore steht, an der Reißleine zu ziehen, die den Greifer öffnet. Die Zeit vergeht im Flug und die Arbeit war nach ein paar Stunden schon ein mechanisches

Reagieren. Es bleibt mir viel Zeit mich umzusehen und zu beobachten.

Ich hätte nie geglaubt, dass ein so nettes Verhältnis zwischen französischen Arbeitern und deutschen Gefangenen bestehen könnte. Beinahe rücksichtsvoll behandelt einer den anderen und aus jedem Wort und jeder Bewegung geht Einvernehmen hervor.

Nun weiß ich, dass der Schachtmeister von uns Deutschen nur der "Eisgraue" genannt wird und auch viele Franzosen ihn schon so ansprechen, ohne dass er darüber verstimmt ist. Er hat silber-graues Haar und eine rote Knollennase.

Der Bauführer heißt "Wackelkopf". Durch irgendeine Nervensache kann er den Kopf nicht mehr still halten. Auch er macht gute Miene zum bösen Spiel. Und überhaupt, irgendwie ist alles schön.

Die Wanzenstiche haben aufgehört zu jucken, der Frühling ist da, die Menschen sind gut, ich habe gegessen und............

Ja, das stehen ein paar Meter weiter bergan drei Zigeunerwagen. Sie fielen mir schon auf, als wir hier ankamen. Es ist unwahrscheinlich, wie viele Menschen in einem solchen Fahrzeug Platz finden.

Vorhin, gleich nach dem Essen stand ich am Zaun, der wohl nur die Aufgabe hat, dem Begeher der Straße darauf aufmerksam zu machen, dass hier ein Grundstück beginnt, der niemals aber geschaffen wurde, um Gefangene einzuzäunen. Draußen auf der Straße ging ein Mädchen vorüber, das mich mit großen schwarzen Augen ansah. Irgendetwas war in diesem Blick, nur kann ich es nicht mehr deuten.

Groß und schön gewachsen, braune Haut, ein hübsches, fast rassiges Gesicht, nackte Arme und ein wiegender Gang. Dazu heiter und bunt angezogen.

Ich glaube, ich habe sie angelacht. Die Zigeunerin aus einem der drei Wohnwagen. 18 Jahre mag sie alt sein. Es kommt mir wieder zum Bewusstsein, dass es weiche Frauenarme gibt und dass ich jung bin.

Es ist Frühling! Nicht nur in der Natur, ich spüre ihn in mir. Oben ziehen die Wolken nach Osten, wenn ich die Augen öffne, kann ich sie weit, weit verfolgen. Kaum über mir, schweben sie schon über den blendend weißen Bau des Krankenhauses, drüben am anderen Ende der Stadt, dann über die Höhen, die Saint Etienne einschließen und verschwinden hinten am Horizont.

Auf diesem Höhenzug steht etwas Markantes, es kann ein Aussichtsturm sein. Immer wieder fällt mir dieser schwarze Strich ins Auge, schon am Vormittag bei der Arbeit konnte ich den Blick nicht von ihm wenden. Ich ertappe mich dabei, wie ich die Entfernung schätze, es mögen 40 oder 50 Kilometer sein.

Wenn ich auf diesen schwarzen Strich zulaufe und die Richtung beibehielt, musste ich nach Hause, nach Deutschland kommen. Nach diesem Höhenzug werden andere kommen. Wälder, Felder, Berge und Täler. Und dann kommt eine Grenze und hinter dieser Grenze würde die Heimat sein.
Ich habe Heimweh. Schon als Kind kannte ich dieses sehnsüchtige Gefühl, nur ist es jetzt viel stärker.

Und dann ist es mir plötzlich ganz klar. Ich werde fliehen.

Viele Tage sind vergangen. Der Sommer steht auf seinem Höhepunkt und uns alle hat ein Freiheits-taumel ergriffen. Es ist nicht festzustellen, wer zuerst davon sprach, dass man einfach fliehen müsste. Aus diesem Schneeball ist nun eine Lawine geworden. In jeder freien Stunde werden Pläne geschmiedet und geheime Vorbereitungen getroffen Die Hälfte von uns ist fest zu Flucht entschlossen und es gilt als abgemacht, dass alle zum gleichen Zeitpunkt den großen Marsch antreten werden.
Kleine Gruppen mit 2 - 5 Mann haben sich gebildet, die zusammen bleiben wollen und nun schon jetzt alles gemeinsam tun.

Ich sehe und höre vieles.

Eins steht fest, ich will heim. Aber mit wem? Es wird sehr viel gesprochen und man steigert sich in eine Stimmung hinein, die mit der Wirklichkeit nur noch wenig zu tun hat. Fast glaube ich, dass die meisten von uns in der nun schon einjährigen Gefangenschaft das Leben in der Freiheit fast nur im Sonnenschein sehen und dabei ganz vergessen haben, dass die Flucht erst durch einen großen Schatten führt. Sie glauben, dass man nur marschieren muss, bis man dann in der Heimat ankommt und frei ist.

Warum vergesst ihr so viel? Warum denkt ihr nicht daran, dass ihr auf dem Marsch essen und trinken müsst. Dass es Regen gibt, vielleicht viele Tage und Nächte lang.

Ihr werdet Nass sein, kein Haus steht euch offen, kein Feuer brennt für euch. Jagen wird man euch, der Funk wird Polizei und Zivil auf euch hetzen. Habt ihr vergessen, dass es sich lohnt, einen Kriegsgefangenen zu ergreifen. 5.000 France erhält jeder, der einen zur Strecke bringt.

Nein, eine Flucht ist kein einfacher Marsch in die Freiheit. Ein Kampf ist sie, Kampf mit dem eigenen Ich, Kampf mit der eigenen körperlichen und charakterlichen Schwäche, mit Hunger und Durst und mit den Händen, die euch fangen wollen. Ihr werdet kämpfen müssen um jeden Kilometer, den ihr näher an die Heimat heran wollt. Wie wilde Tiere werdet ihr euch am Tag verkriechen müssen und nahe der Erschöpfung nicht schlafen können, da ihr wachen müsst, um nicht ergriffen zu werden.
Schlau werdet ihr sein müssen und manchmal wird euch nur eine List helfen. Ihr habt keine Karte, keinen Kompass. Was tut ihr, wenn der Himmel in der Nacht verhangen ist und euch kein Stern den Weg zeigt?

Tausend Dinge sind es, Gefahren, große und kleine, an denen ihr zerschellen könnt. Seht ihr sie nicht oder wollte ihr über sie nicht sprechen, damit ihr eurem Entschluss zu fliehen nicht untreu werdet.

Für mich gibt es keine Minute, die ich ohne Vorbereitung vergehen lasse. Ich möchte richtig ausgerüstet sein.

Die Wanzen haben mich fürchterlich zerfressen, mir scheint, als haben sie mich zu ihrem alleinigen Ernährer erkoren. Meine Beine sind offen und eitern aus hässlich riechenden Wunden, die ich nachts im Schlaf immer wieder aufkratze, wenn ich laufe schwellen mir die Füße und Leistendrüsen. In ein Lazarett will ich nicht, denn vielleicht ist es Winter bis ich geheilt bin und dann musste ich lange Monate warten, bis wieder ein Sommer kommt und eine Flucht möglich ist.

Ich bitte unseren Wächter, nachts auf dem Hof schlafen zu dürfen. Als er meine Beine sieht, willigt er ein.

So liege ich jede Nacht unter freien Himmel. Keine Wanze ist mehr da. Meine Beine heilen. Ich kann mir die Sternenbilder genau einprägen, die mir einmal meinen Weg nach Hause zeigen sollen.

Wenn die Nächte besonders schön und warm sind, kriecht das Zigeunervölkchen neben uns aus ihren Wagen und campiert gleich neben mir im Freien. Nur durch den leichten Draht getrennt liegen wir dann. Manchmal singen sie und lieb haben sich Männlein und Weiblein auch. Genau wie bei uns.

Die dunkelhaarige Schöne scheint unbemannt. Bilde ich es mir nur ein, dass sie jede Nacht ein biss-chen näher an den Zaun heranrückt, wenn sie sich zum Schlafen niederlegt?

Der Tag der Flucht wurde festgelegt. Alle haben den 29. Juli 1946 gewählt. Nachts um 23.00 Uhr soll es losgehen.

Wir haben alle überlegt, wie wir es anstellen könnten, damit unsere zwei zivilen Wächter durch unsere Flucht keinen Nachteil haben und vielleicht entlassen werden.

Wir haben keinen Weg gefunden.

"Ihr zwei Franzosen habt es bestimmt nicht verdient, dass wir Euch diesen Kummer bereiten müssen! Ihr wart gut und gerecht. Es wird uns allen leidtun, wenn Ihr Schwierigkeiten habt. Verzeiht uns, wir sind gefangen und wollen heim! Versteht Ihr das?"

In 14 Tagen muss nun alles fertig sein. Die Füße sind noch meine Sorgenkinder. Werden sie bis dahin marschfähig sein? Schuhe kann ich nicht tragen. Darin zu laufen ist mir unmöglich.

Ich muss mir ein paar Sandalen machen, doch ob die diesen Marsch durchstehen? Meine Hose, morsch und mit einem großen weißen PG auf den Oberschenkeln, was uns zum "Prisonner de Guere" abstempelt und mit Ölfarbe aufgedruckt ist, die sämtlichen Entfernungsangriffen widersteht, ist ungeeignet und würde in wenigen Tagen nur noch ein Fetzen sein. Hier muss ich anfangen, den Hebel anzusetzen.

Am Zigeunerwagen sehe ich schon seit Tagen einen alten Autoreifen liegen. Ich könnte mir vorstellen, wenn man sich ein paar Sohlen von dem Reifen ausschneidet und mit Lederriemen versieht, die ich mir aus meinem alten Koppelriemen schneiden würde, dass solche Sandalen den Marsch in die Heimat aushalten würden.

Und nun weiß ich, dass ich ein Stück von diesem Reifen brauche. Der Weg zu ihm muss über die schwarzhaarige Schöne führen und da die Nächte warm sind und das Mädchen nun schon sehr nahe am Zaun liegt, meine ich fast, dass meine Sandalen bald Wirklichkeit sein werden.

Für eine Hose wäre eine schöne graue Schlafdecke das geeignete, wenn man einen Schneider hätte. Ein flottes, ehemaliges, aber bisher ungetragenes Tropenhemd und eine neue amerikanische Drillichjacke, die ich von der Lagerleitung erhalten habe, würden einen ganz passablen Zivilisten aus mir machen.

In diesem Aufzug sehen wir ja unsere französischen Arbeiter täglich. Für die wenige Verpflegung steht mir mein Wäschebeutel zur Verfügung. Wenn ich das Ergebnis betrachte, scheint mir die Ausrüstung nicht schlecht zu sein.

Die Sandalen liegen nun bereits fix und fertig unter meinem Kopfkissen. Nicht einmal mein Koppel habe ich zerschneiden müssen. Das habe ich bei ihr gegen einen schönen breiten Gürtel umgetauscht. Die Riemen der Sandalen sind aus weißem, weichen Leder.

In einer Nacht brachte ich die Sprache auf den alten Reifen. Ich habe gar nicht viel sagen müssen. Ein paar Tage später war ich glücklicher Besitzer, der irgendwie von irgendwem, angefertigten Sandalen.
Fast glaube ich, dass die schwarze Yvonne erraten hat, dass ich fliehen will. Sie spricht nicht davon, aber der Blick, mit dem sie mir manchmal in die Augen schaut, sagt so viel.
Die Nächte sind warm und hell, es ist schön zu leben.

Eine erfreuliche Entdeckung habe ich gemacht. Ein Kamerad ist Schneider, er hat meine Decke schon zugeschnitten und bei mir Maß genommen.
Das geschieht alles so heimlich, als wenn Weihnachten vor der Tür stände und wir unseren Wacht-posten eine Überraschung bereiten wollten. Eine Überraschung wird es wohl sein, doch ob die etwas mit Weihnachten zu tun hat? Ich weiß nicht.

Die Hose ist fertig. Ein Prachtstück, genau nach Maß und sogar prima gebügelt. Ich habe meine "Fluchtuniform" einmal anprobiert und muss sagen, dass sie für die Verhältnisse gut aussieht und ganz zweckmäßig erscheint.

Ich konnte ja noch nicht wissen, dass ich die Sandalen auf dem Marsch verfluchen werde, wenn laufend kleine Steinchen zwischen Sohle und Fuß liegen, die mich dazu zwangen, stehen zu bleiben. Ich konnte noch nicht wissen, dass es fünf Tage und Nächte regnen würde und die zur Hose gewordene Wolldecke sich wie ein Schwamm voll saugen und bei jedem Schritt wie ein Brett gegen meine Beine schlagen würde. Im Moment jedenfalls sah alles schön, sogar sehr schön aus.

Nun weiß ich, mit wem ich marschieren werde, wir sind zu viert und es sind keine schlechten Weg-gefährten, mit denen ich gehe.

Max, der Älteste ist 40 Jahre, klein und untersetzt, sehr still, aber zuverlässig. Er kennt alle Pflanzen, Pilze und Beeren, kann Schuhe besohlen und sehr praktisch denken. Er ist Maurer und ein geborener Schwabe.

Egon, 35 Jahre, mittelgroß, schlank, aber leider etwas weich, ist der Erzeuger meiner Hose. In Aachen zu Hause, sehr lustig und redet viel. Er wird eventuell Reparaturen an der Kleidung ausführen können und sich auf seine Art bewähren. Immerhin eine schwache Stelle.

Leonhard ist die wichtigste Person, er spricht fließend Französisch. Er hat ein Verhältnis mit der Tochter des zweiten Bürgermeisters von Saint Etienne, ist Architekt, groß und stämmig, stammt aus gutem Nürnberger Haus und seine Eltern sind wohlhabende Besitzer eines großen Bauunter-nehmens. Er ist 30 Jahre alt, klug, und entschlossen durchzukommen.

Na, und eben ich.

Leo hat Madeleine, des Bürgermeisters Töchterlein in unseren Fluchtplan eingeweiht. Sie wird schweigen und uns helfen.

Nach einigen Tagen verfügen wir über alle erforderlichen Generalstabskarten bis zur deutschen Grenze.

Unsere Wäschebeutel sind prall gefüllt mit Schokolade, Milchpulver, Fleischkonserven, geröstetem Brot, Zucker und allen erdenklichen Lebensmitteln.

Wir haben ausgerechnet, dass diese Verpflegung 14 Tage reichen wird, wir werden bepackt sein wie die Maulesel.

Zwei Tage vor unserer Flucht liege ich nachts auf der Matratze im Hof unserer Unterkunft. Es geht auf den Morgen zu, im Osten liegt schon ein milchig weißer Schimmer am Horizont.

Meine Gedanken gehen den Geschehnissen voraus. Ich sehe mich im Wachtraum über Felder schleichen, zwischen Hecken sitzen und mit Gendarmen kämpfen.

Aber besser ist's abzuwarten und sich nicht zu viele Gedanken zu machen. Man hört ja so oft sagen, dass nichts so heiß gegessen wird, wie es gekocht wäre.

Als ob das nun unterstrichen werden musste, reiße ich den Mund auf, um noch einmal herzhaft zu gähnen, um dann vielleicht endlich einschlafen zu können.

Da kommt ein großes Wunder über mich. Ich weiß tatsächlich im ersten Moment gar nicht, wie mir geschieht.

Sonst war es doch immer so, dass - war ich fertig mit gähnen - der Mund wieder zu klappte. Aber - verdammt nochmal - diesmal ging's nicht.

Nein, allen Ernstes, mir blieb der Schnabel offen.

Ich fuhr hoch wie von der Tarantel gestochen, fasste mir mit beiden Händen ins Gesicht und stellte fest, dass beide Backenknochen ungewöhnlich weit herausstehen. Im Unterbewusstsein danke ich schnell noch den Göttern, dass die schwarze Yvonne heute Nacht nicht in meinen Armen liegt und dieses Theater miterlebt.

Also nun wart' mal Langer, sage ich mir, wie ist das nun. Du hast das Maul aufgerissen und bringst es nicht mehr zu. Ergo, muss der Kiefer ausgerenkt sein.

Von Leuten, denen das vor dir passiert ist, hast du mal gehört, dass da eine Ohrfeige Wunder wirkt. Also, ein Königreich für eine Ohrfeige.

Ich könnte hell über mich lachen, denn ich weiß wohl, dass die Sache völlig harmlos ist. Doch wenn ich das Gesicht verziehe, wird der Schmerz stärker, die Sache ist also nicht mehr so harmlos und deshalb ist es besser, ich lasse das Lachen ganz sein.

Nur mal probieren, ein bisschen hin und her wackeln, mit den Händen natürlich, am Unterkiefer mein' ich, vielleicht, dass er doch einschnappt. Geht aber nicht.

Ich fass' mir an die Zuge, die heraushängt und bin zufrieden, dass sie noch da ist. Der Speichel läuft mir zum Mund heraus, wie eine kleine Talsperre denke ich.

Weil's weh tut, hör' ich auf zu fassen und zu wackeln und nichts wie rein in den Schlafraum, ir-gendeinen Kumpel geweckt und den dann bitten, dass er mir eine runter haut.

Ich habe nie geglaubt, dass es so schwer ist, von jemandem eine Ohrfeige zu bekommen, wenn man sie wirklich nötig hat. Es wird so viel geschlagen auf der Welt, grundlos, ungerecht und selten auch im gerechten Zorn.

Mir wurde von 3 Kameraden die Ohrfeige glatt verweigert. Dabei versprach ich ihnen, dass ich mich nicht einmal wehren würde.

Zugegeben, es ist etwas ungewöhnlich. Ich kann wegen der offenen Futterluke nur stammeln und meine Bitte nur in sehr kurze und unzusammenhängende Worte kleiden.

Zugegeben, auch ich hätte mich, wenn mich einer früh um 4 Uhr wach rüttelt und lallend sagt: "Hau mir mal in die Fresse", auch schimpfend auf die andere Seite gedreht und weiter gepennt. Aber was sollte ich denn sonst tun?

Selbst probieren? Also schön.

Ich stelle mich in der Mitte des Schlafsaales in Positur und versuche, mir eine zu knallen. Das ist nicht leicht, weil's weh tut und weil man die Hand nie in die richtige Ohrfeigenlage bringt, es sei denn, man wäre Hebamme.

Na, und da sitzt doch einer im Bett, sieht mir zu und lacht wie der leibhaftige Satan selbst. Als es ihm gelingt, eine Pause einzuschieben, erlaubt sich der Lümmel mich zu fragen, ob ich unmoralisch geträumt hätte.

Nun bin ich aber, ob der Ohrfeige, die mir keiner geben will, schon ganz schön in Wut geraten.

"Komm schon runter, Du blödes Pferd und wiehere nicht."

Ich bin überzeugt, dass der mein Gebrüll verstanden hat. Zu allem Unglück ist er ausgerechnet eine echte Berliner Asphalt-Pflanze und um dem Ruf seiner Landsleute keinen Abbruch zu tun, schreit er ganz laut:

"Wacht auf, wacht auf, das habt Ihr noch nicht gesehen. Eine einmalige Darbietung im Nachtkabarett von Saint Etienne. Sehen Sie die Geißelung in der Morgenstunde."

Er steht im Bett, der kann das, denn er schläft ganz oben. In seinem langen, grauen Hemd, den verwilderten Haaren und den dürren nackten Beinen, sieht er wie eine Kreuzspinne aus.

"Der Lange haut sich selber in die Fresse. Ein lichter Moment in seinem Leben. Wir fragen die Weltpresse, woher kommt diese plötzliche Selbsterkenntnis, welches Ereignis rief diesen Schock hervor."

Und während er schreit wie ein Schießbudenbesitzer, der seine genau gehenden Gewehre anpreist, sind alle anderen munter geworden, sitzen in ihren Betten und lachen wirklich saublöd.

Ich könnte alle vor Wut erschlagen, aber ich will ja gar nicht schlagen, ich möchte doch selbst eine gelangt kriegen.

Die "Kreuzspinne" gefällt sich in ihrer Rolle:

"Sie sehen in der ersten Abteilung den Mann der Nacht. Er schläft erst nach 12 Ohrfeigen zufrieden ein. Ohrfeigen sind für die Medizin, Ohrfeigen sind seine Schlaftabletten. Kommen Sie näher meine Herren, wenn Sie einen geheimen Groll haben, wenn Sie ungefährlich für sich, selbst einmal richtig zuhauen wollen, hier haben Sie Gelegenheit dazu. Der Mann der Nacht wird Ihnen dankbar sein."

Während seiner Anpreisungen ist er aus dem Bett gestiegen, kommt mit großen Worten und mit dem Gehabe eines Zirkusdirektors auf mich zu und bittet mich, mit einer tiefen Verbeugung auf dem in der Mitte des Raumes stehenden Tisch Platz zu nehmen.

Irgendwie gefällt mir der Kerl und seine Reden sind so drollig, dass ich selbst gerne lachen möchte. Aber das tut verdammt weh. Und deshalb scheine ich eine unmögliche Fratze zu ziehen.

So, meine Herrschaften, und nun will ich Ihnen erst einmal die Art der Ohrfeigen zeigen, die der Mann der Nacht besonders schätzt. Beachten Sie sein Mienenspiel, wie er verzückt auf seine Schlaftabletten wartet."

Na, und dann knallt mir der Bursche eine, die selbst mit eingehängtem Kiefer die Engel zum Singen gebracht hätte. In meinem Zustand hätte ich jeden Eid geschworen, dass er einen Hammer in der Hand hatte.

Aber der Kiefer bleibt draußen.

Ich deute mit Tränen in den Augen auf die andere Backe.

"Sie sehen hochverehrte Herrschaften, der Mann der Nacht ist ein Nimmersatt, er verlangt eine stärkere Dosis."

Während dieser Worte setzt er mir die Hand auf die linke Backe, dass ich bald vom Tisch falle.

Wieder nichts, der Mund geht nicht zu.

Das dämpft die allgemeine Heiterkeit etwas, man springt aus den Betten und der Wächter betritt ängstlich blickenden Auges den Raum.

Ja, dann fahre ich mit offenem Mund, mit unserem Bewacher, in der Straßenbahn ins Krankenhaus. Ich stelle mich in die Ecke und halte mir die Hand vor das Gesicht, um den anderen Fahrgästen mein Missgeschick zu verbergen. Dabei muss ich mir blutenden Herzens anhören, dass der Wächter jedem erzählt, dass ich ein Gefangener bin, den er zum Arzt bringen muss, weil ihm das Maul offen steht.

Der Arzt hilft mir sofort. Unheimlich sind nur seine Vorbereitungen. Erst glaube ich, er wolle mir zwei Handtücher in den geöffneten Rachen schieben, stelle jedoch dann erleichtert fest, dass er die nur braucht, um seine Daumen zu umwickeln, die er mir dann ziemlich kräftig in die Futterluke schiebt.

Es knackt, tut einen dumpfen Schnapper und der vermaledeite Kiefer ist wieder in der normalen Lage.

Als mein Mund wieder zu ist, bin ich der glücklichste Mensch unter der Sonne. Wer will mir das verdenken.

Auf dem Heimweg will mich mein Wächter noch auf den Arm nehmen und treibt seinen Ulk mit mir. Es ist nicht böse gemeint, ich lache mit. Ich lache aber vor allem bei dem Gedanken daran, dass in 2 Tagen plötzlich zwanzig Mann verschwunden sein werden und ob ihm nicht da vor Schreck auch das Maul offen bleibt.

3. KAPITEL „PAROLE HEIMAT"

Frauen haben einen sechsten Sinn. Nein, das bestreite ich nicht mehr. Es ist die letzte Nacht, morgen Abend soll es losgehen. Ich sitze mit Yvonne auf meinem Lager vor der Unterkunft. Sie ist so ganz anders als sonst, zärtlich und traurig. Wenn sie mich ansieht und das Mondlicht voll in ihr Gesicht fällt, sehe ich den feuchten Schimmer in ihren Augen.

"Du gehst morgen, Du gehst nach Hause. Du gehst und ich bin wieder alleine. Warum sind so große Unterschiede zwischen uns? Du bist ein Deutscher, der immer heim will und ich eine Zigeunerin, die immer Fernweh hat und keine Ruhe gibt. Schön war die Zeit hier. Ich werde dieses Haus und diesen Garten nicht mehr sehen können."

Was soll ich zu alldem sagen? Ich schweige, nehme das Mädchen in die Arme und verwische noch einmal für eine Nacht alle Unterschiede.

Der letzte Arbeitstag liegt hinter uns. Alle, die heute den Marsch ins Ungewisse antreten, hat die Unruhe gepackt und auch ich bin nicht verschont davon. Überall werden die letzten Vorbereitungen getroffen und es wird gemeinsam beraten, in welcher Reihenfolge wir das Lager verlassen. Dies ist zwar kein Problem, aber wir wollen es so unauffällig wie möglich machen.

Jedem tun unsere Wächter leid. Sie haben so großes Vertrauen zu uns und uns unterstützt und kleine Gefälligkeiten erwiesen, dass wir beklommen sind, wenn wir an sie denken.

Es ist Samstag. Dieser Tag wird gewählt, weil wir wissen, dass am Samstag, wenn man unsere Flucht bemerkt, eine eventuelle Fahndung viel langsamer anlaufen wird, als an einem Wochentag. Ein bisschen hatten wir die Franzosen schon kennengelernt.

Beim Abendessen herrscht ein ungewöhnliches Schweigen im Raum. Jeder schaut versonnen in seinen Teller, in der Luft hängen tausend wirre Gedanken. Es ist nicht klar, wo diese Spannung her-kommt. Wie von ungefähr schau ich in die Gesichter der Kameraden. Ein wenig Nervosität liegt in jedem.

Ein paar Gesichter fallen mir auf. Sie gehören zu den Zurückbleibenden, die ich schon einige Tage beobachte. Sie sprechen von unkameradschaftlichem Verhalten, denn wenn die Hälfte des Kommandos flieht, werden die Franzosen die Zurückgebliebenen härter anfassen Manchmal glaube ich, dass sie etwas im Schilde führen, um unsere Flucht zu verhindern und sich selbst in ein gutes Licht zu stellen.

Es ist 23.00 Uhr. Die ersten Kameraden treten ihren Marsch ins Ungewisse an. Es gibt ein Hände-schütteln und Hals und Beinbruch-Wünschen und, das kommt wirklich von Herzen.

Unser Wächter spielt in einem Restaurant, keine 100 m von unserer Unterkunft entfernt mit anderen Männern ein Spiel mit Kugeln und Meterstab. Was das für ein Spiel ist, und wie es heißt, wissen wir nicht. Wir wissen nur, dass die Herren dabei immer rote Köpfe haben und die Welt um sicher herum vergessen.

Die ersten 10 sind nun bereits aus dem Haus. Die vier, denen ich eine Schweinerei zutraue, sitzen zusammen an einem Tisch und tuscheln. Solange sie noch hier im Raum sind, können sie wenigstens kein größeres Unheil anrichten, aber wehe, wenn sie auf den Gedanken kommen, unsere Flucht zu verraten.

Die Hälfte ist nun schon fort. Meine drei Kameraden und ich wollen zuletzt gehen. Wir sitzen nahe an der Tür, das Marschgepäck unter unseren Stühlen. Es wusste hinterher keiner mehr warum, aber plötzlich hatten wir das Gefühl hier sofort raus zu müssen und dann stehen wir ohne uns zu verabschieden auf der Straße.

Sie ist dunkel und führt leicht bergab zur Hauptstraße hinunter, auf der die Straßenbahn fährt. Wir müssen die Gleise überqueren, um so schnell wie möglich aus den Häusern herauszukommen. Noch trennen uns etwa 20 m von der Hauptstraße, da erleben wir unseren ersten Schreck. Im Schein einer trüb brennenden Laterne erkennen wir den "Eisgrauen", unseren Vorarbeiter, der uns leicht schaukelnd auf der gegenüberliegenden Straßenseite entgegenkommt. Leo und Egon, die vor Max und mir gehen, bleiben wie erstarrt stehen. Noch glauben wir, dass er uns nicht gesehen hat und vier Gehirne suchen fieberhaft nach einem Ausweg.

"Los, schmeißt die Taschen hier in die Ecke und kommt weiter" sagt Leo, und wir strecken die Hände gemütlich in die Taschen und schlendern dem Franzosen entgegen. Jetzt ist er noch fünf Schritte von uns entfernt und es muss sich entscheiden, ob er uns erkennt oder nicht. An dieser Stelle ist die Straße ziemlich dunkel und das Wunder geschieht, dass wir unbehelligt am "Eisgrauen" vorbeikommen. Aufatmend gehen wir noch ein paar Meter weiter, dann wird kehrt gemacht und das Gepäck geholt. Jetzt heißt es die Beine in die Hand nehmen, denn wenn der jetzt in die Unterkunft kommt, keinen Wächter findet und feststellt, dass die Hälfte von den Gefangenen fehlt, ist der Teufel los. Ich muss an die Zurückgebliebenen denken. Sollten die etwa? Na, ich weiß nicht. Jedenfalls kam sonst an Samstagen nie ein Vorarbeiter zu uns.

Die hell erleuchtete Hauptstraße liegt hinter uns. Es ist zum Kotzen. Zweihundert Meter unter Laternenlicht, das ist eine Nervenprobe. Wir wissen ja nicht, wie schnell der "Eisgraue" reagiert. Nun nimmt uns eine dunkle Nebenstraße auf und wir fühlten uns schon entschieden wohler.

Verteufelt heiß ist die Nacht und mir läuft der Schweiß über das Gesicht und den Körper. Ist es die Hitze oder die aufgepeitschten Nerven. Wahrscheinlich beides.

Die Straße biegt scharf nach rechts. Vor uns liegt ein hell erleuchtetes Fabriktor und gerade da hinein führt der Weg. Vorbei an einem Häuschen, in dem ein müder Concierge seinen Nachtdienst abfeiert.

Wir stehen erschreckt still, als hätte uns jemand ein magisches Halt geboten. Jedem steht die Hoffnungslosigkeit ins Gesicht geschrieben. Da vorn können wir nicht durch. Was sollen wir in einer Zeche und wie kämen wir wieder raus?
Rechts der Straße läuft ein fester Drahtzaun, der wahrscheinlich das Fabrikgelände abgrenzt. Bliebe die linke Seite, doch da fällt eine mit Schlacken bedeckte Halde steil ab und man kann in der Dunkelheit ihr Ende nicht absehen. Es bleibt nur dieser Weg. Was dann da unten los ist, wird sich finden.

Ohne dass einer ein Wort gesagt hat, klettern wir über die scheußliche, laut rollende Schlacke. Hier bekomme ich zum ersten Mal den Nachteil meiner so schön aussehenden Sandalen zu spüren. Un-zählige Steinchen schieben sich zwischen Sohle und Fuß und es hat keinen Zweck, sie zu entfernen, gleich sind wieder neue da, um mich weiter zu quälen und den Abstieg noch beschwerlicher zu machen.

Die Halde endet in einer Wiese. "Prima denke ich" und male mir aus, wie wohl jetzt die schönen weißen Lederriemen an meinen Sandalen aussehen werden. Ich nehme mir die Zeit die Steine aus-zuschütten, was mir das Grollen meiner Gefährten einbringt und dann streichen wir quer durch das Gras. Ringsherum stehen Häuser und wir haben nur eine Hoffnung: irgendwo muss ein Weg sein, der aus den Häusern ins Freie führt. Der Weg ist da. Das ist schön, aber schlecht kann einem werden, wenn man ihn als Entflohener begeht.
Es ist eine Straße, die zu beiden Seiten von Häusern flankiert ist, hier spielt sich irgendein Fest ab. Schießbuden stehen da und Karussells. Kirchweih würden wir es vielleicht bei uns in Deutschland nennen. Drehorgeln, Schallplattenmusik malträtieren unsere bis zum Zerreißen gespannten Nerven. Männlein und Weiblein sind hier, aber zu wenige, es müssten viel mehr sein. Dann würden die vier Männer mit ihrem Gepäck nicht so auffallen. Alles schaut uns groß an, und

ich glaube, dass jeder von uns nur den Wunsch hat, nicht angesprochen zu werden. So geht das nicht!

In einer dunklen Ecke wird beraten. Von der Straße kommen wir nicht runter und die Richtung ist gut. Sie muss aus der Stadt hinausführen. Also müssen zwei das Gepäck tragen und die beiden an-deren unbelastet 10 oder 20 Meter vorweg gehen. Leo und ich nehmen die Taschen, denn er spricht perfekt Französisch und wenn wir angesprochen werden, lasse ich ihn reden und halte die Klappe.

Egon und Max gehen vor. So, das hätten wir nun wieder. Jetzt mal sehen, wie es weiter geht. Es ist ein böser Gang, mich schwitzt wie ein Kuli bei der Reisernte, aber es hilft nichts. Wir müssen durch diese hohle Gasse. Plötzlich spüre ich, wie Leo sich schwer in meinen Arm hängt, er schwankt leicht und hat die Wäschebeutel (Marke deutsche Wehrmacht) in denen für gut 14 Tage Verpflegung ist, über den Rücken geworfen.

Schon denke ich, er will schlapp machen, da fängt er an, sich ein Liedchen zu trällern, echt Französisch, ein damaliger Schlager, der in aller Munde war, "Ah! Le Petit Vin Blanc." Und nun begreife ich, noch bevor er mich anfaucht "schwanke auch, Du Arschloch und pfeife mit."

Ich pfeife und schwanke, ich pfeife laut und schwanke beträchtlich. Wir erregen die Aufmerksamkeit der Passanten. Die lachen und stoßen sich mit vielsagenden Blicken an. "Carussell Monsieur?„ sagt einer. Wir lassen uns nicht stören, schwanken singend und pfeifend weiter. Dabei haben wir bestimmt beide zu gleicher Zeit festgestellt, dass zwei Gendarmen sich einer Schießbude nähern, an der unsere Kumpels stehen. Das darf nicht sein. Von denen spricht keiner ein Wort Französisch.

Da erhebt Leo seinen Bariton und ich pfeife, als hätte ich ein künstliches Gebiss, das mir bestimmt davon geflogen wäre. Der Erfolg tritt postwendend ein. Die Hüter der Ordnung haben uns erspäht.

Nun geht es Schlag auf Schlag. Komisch, dass man in einer kritischen Situation keine Nerven hat. Sie kommen uns entgegen, Leo bleibt stehen und kichert. Ich streiche ihm pfeifend über die Wange, dafür pufft mich die Kanaille in den Bauch und ich rülpse laut und ungeniert und dann sind sie da. Sie stehen vor uns und schweigen. Aber Leo schweigt nicht. "Bonjour Messieurs", und dann fragt er sie, ob sie keinen Aperitif mit trinken. Sie geben keine Antwort und setzen die Amtsminen auf. Und als man dem größeren von beiden ansieht, dass er anfangen will zu reden, winkt Leo abfällig mit der Hand und zieht mich weiter. Sofort stimmt er unser Lied wieder an und ich pfeife dazu, was das Zeug hält.

Wir spüren die Blicke der Polizisten wie Dolche in unserem Rücken und sind gefasst darauf, dass uns einer die Hand auf die Schulter legt oder sie uns zurückrufen. Zehn Schritte mögen wir gegangen sein, als uns zwei blitzsaubere junge Mädchen entgegenkommen. Wir bleiben stehen, beglotzen sie, schauen ihnen nach und jagen noch ein paar lallende Worte oder Komplimente hinterher und bei dieser Gelegenheit stellen wir fest, dass unser Gebären die Gendarmen, die noch immer an der Stelle stehen und uns nachschauen von unserer Harmlosigkeit überzeugt sind. Sie nicken sich zu, schmunzeln und gehen mit dem stolzen Bewusstsein weiter, zwei freie französische Bürger nicht belästigt zu haben. Als wir das sehen, tun wir ihnen den Gefallen, die Entfernung zwischen uns und ihnen zu vergrößern und taumeln auch weiter.

Unsere zwei Kumpels sind nirgends mehr zu sehen. Sie werden hoffentlich die Zeit gut genutzt haben.

Als die Straße dunkler wird und dann die Häuser schließlich ganz aufhören spüre ich, wie mein ganzer Körper vibriert. Auch Leo hat das große Schlottern und wir beschließen, noch hundert Meter weiter zu laufen und dann erst mal hinter irgendeiner Hecke eine Zigarette zu rauchen.

Wir sind wie erlöst, dass die Häuser und damit die Menschen erst einmal hinter uns liegen und wie ein Taumel befällt uns jetzt erst die Tatsache, dass wir frei sind.

Da werden plötzlich aus der Dunkelheit unsere Namen geflüstert, es ist Egon, er hat uns im Straßengraben liegend erwartet. "Max sitzt da drüben in dem kleinen Wäldchen. Kommt erst mal mit, wir sind fix und fertig." Und dann sitzen wir vier rauchend unter einem kleinen Nadelbäumchen. Jeder bemüht sich, die Glut seiner Zigarette abzuschirmen und keiner spricht ein Wort. Ich glaube, wir stellten jetzt erst fest, dass es eine herrliche Nacht ist, die Sterne funkeln und ein leichter Sommerwind kühlt unsere heißen Köpfe.

Wir sprechen nicht mehr. Zu neu ist das alles für uns und so bewegend waren die vergangenen Stunden. Von ferne hören wir noch die verschwommene Musik der Drehorgeln und es ist mir als ob die Melodie noch durch die Nacht klingt, die vielleicht vorhin unsere Freiheit gerettet hat. "Ah! Le Petit Vin Blanc." Die Zigaretten sind zu Asche geworden und wir müssen weiter. Vorher wird noch kurz beraten, wie wir uns am besten verhalten. Wieder einmal bewahrheitet es sich, grau ist alle Theorie.

Wie oft haben wir alle erdenklichen Situationen überdacht und beratschlagt, wie wir uns in dieser oder jener Situation verhalten müssten. Das liegt nun weit hinter uns. Jetzt regiert die raue Wirklichkeit und die sieht ganz anders aus. Bei einer Vereinbarung bleiben wir.

Je zwei Mann tragen das Gepäck, das sind immerhin sechs Taschen, die mit Riemen zusammengebunden werden und die schon ihr Gewicht haben. Den zwei Gepäckträgern geht einer voraus. Dann folgen nach ca. 20 m die jeweils Bepackten und wiederum nach 20 m, am Ende, geht einer der sich nach hinten orientiert und absichert. Wir werden uns bei jedem herankommenden Menschen oder vor jedem Fahrzeug, sei es nun, dass es von hinten oder von vorn kommt, in den Straßengraben legen. Sicher ist sicher. Lieber einmal mehr die Schnauze in den Dreck, als wieder hinter Stachel-draht.

Wir werden nur Nebenstraßen und Feldwege benutzen. Es ist unwahrscheinlich, dass uns viele Franzosen auf unserem Weg in die Freiheit begegnen werden. Wir kennen die Franzosen. Abends bei Dunkelheit geht ein Franzose ungern aus dem Haus. In Paris mag das anders sein.

Noch nicht einmal die Hälfte des Weges in die Heimat haben wir mit Ach und Krach hinter uns gebracht. Wie geplant haben wir zwischen Lyon und Dijon die Sâone überschritten und jetzt befinden wir uns auf dem Weg nach Macon.

Die Zeit hat an unserer Kameradschaft genagt. Seit drei Tagen sind unsere Vorräte dahin und die leeren Wäschebeutel hängen traurig und schlaff auf dem Rücken der jeweiligen Träger.

Denn obwohl sie jetzt nicht mehr drücken, haben wir die Ablösung beibehalten. Es könnte ja sein, dass uns irgendwo plötzlich ein "Tischlein deck dich" begegnet, das schnell abgeräumt werden will und da müssen wir etwas haben, wo wir die Leckerbissen verstauen können.

Das Essen besteht nur noch aus geklautem Obst und roh genießbaren Feldfrüchten. Denn kochen trauen wir uns nicht. Der Rauch könnte uns verraten. Die Kräfte gehen langsam dahin und jeder km wird immer länger als der andere. Von 30 bis 40 km pro Nacht kann keine Rede mehr sein. Wenn wir jetzt 15 km schaffen sind wir schon stolz. Es hat keinerlei Zwischenfälle gegeben, alles verlief glatt und kein böser Franzose wollte uns wieder einfangen, obwohl manches Mal einer ganz nahe an uns vorbei ging. Aber man hat uns nicht gesehen. Wir leben wie wilde Tiere, tagsüber schlafen und verstecken, nachts marschieren und Futter suchen.

Mir geht der ganze Marsch ein bisschen zu glatt, denn meine drei Kameraden fassen das ganze jetzt schon als eine gemütliche Wanderung auf, die nur den einen Nachteil hat, dass die Fresserei sehr einseitig ist. Hunger, nein, das hatten wir noch nicht gehabt, denn Obst gibt es genug, nur halt etwas kraftlos ist es ja. Entdeckt zu werden oder einen Gedanken daran zu verschwenden, wieder eingefangen zu werden und hinter den Stacheldraht zu kommen, ach, wer denkt noch daran. Nachts auf den Straßen begegnet man selten einem Menschen. Die Ortschaften liegen im tiefsten Schlaf und wenn es noch zu früh ist, kann man sie so schön umgehen. Alles ist gar kein Problem.

Unsere Marschsicherung klappt vorzüglich und kommt doch manchmal ein Auto über die Land-straße oder gar ein Radfahrer, sehen wir ihn schon sehr weit, denn er oder es muss ja Licht haben und schwupp liegen wir im Straßengraben und warten bis die Luft rein ist und dann geht es weiter des Weges. Es ist doch zum Lachen, wie schwierig wir uns noch in Saint Etienne das ganze vorge-stellt haben, wenn wir abends beieinander saßen, um unsere Flucht zu planen. In der Praxis ist es viel einfacher als vorher, wenn man das Für und Wider durchhechelt.

Das Wetter ist hervorragend, es hat keinen Tag geregnet. Wir sind am ganzen Körper braun wie die Neger. Kunststück, wenn man den ganzen lieben langen Tag in der Hochsommersonne liegen kann.

So ungefähr ist die Stimmung und immer wieder sage ich mir, dass eine Flucht doch nicht so einfach sein kann.

Nun ist plötzlich alles ganz anders.

Es regnet. Es regnet seit drei Tagen ununterbrochen. Wir haben keinen trockenen Faden mehr am Leib. Vom Schlafen tagsüber kann keine Rede mehr sein. Überall ist Nässe, liegen ist Luxus. Müde und verdrossen hocken wir irgendwo im tropfenden Dickicht, keine fröhliche Unterhaltung mehr, kein Humor blüht im Regen.

Am ersten Tag ging es noch. "Ein kurzes Anfeuchten tut mal ganz gut" sagte Max. Es feuchtet uns nun schon drei Tage an und könnte verdammt noch mal bald aufhören.

Kein leeres Haus ist zu finden, keine Hütte. Die Weinberge haben aufgehört. Raus sind wir da aus dem Wein. Das Obst wird knapp.

Felder und Gärten teilweise schon abgeerntet. Und siehe da, plötzlich, ganz plötzlich, ist der Hunger da. Hunger und Regen sind schlechte Gefährten auf der Flucht.

Jetzt wird es hart. Nichts mehr mit der Mondscheinwanderung und so. Und meine drei Kumpels schütteln die Köpfe und wundern sich, nein, dass es so was gibt.

Die vierte Regennacht, es gießt in Strömen. Unsere Hosen und die ehemaligen Schlafdecken haben sich wie Schwämme voll gesaugt und schlagen bei jedem Schritt wie ein Brett gegen die Beine. Wir haben alle die Schnauze restlos voll und traben müde, Nass und hungrig über den Asphalt. Leo und Max gehen voraus, bleiben stehen. Egon und ich bereiten uns zum Sprung in den Straßengraben vor, in der Meinung, dass die da vorn was gesehen haben.

Das in den Straßengraben legen ist eine unangenehme Sache geworden. Denn in den Straßengräben steht jetzt Wasser und wenn es schnell gehen muss, kann man nicht erst nach einer günstigen Stelle suchen. Wir zögern noch, denn die zwei vor uns stehen auch noch auf der Straße und wenn die noch nicht, ja, dann werden wir auch noch nicht.

Nun winken sie uns gar noch zu. Was mag da los sein?

Nun, der Himmel hat uns ein Geschenk gemacht. Rechts an der Straße liegt ein Steinbruch und schön in der Mitte von ihm, wie auf dem Präsentierteller, steht eine feste kleine Arbeiterhütte. Wir vier staunen sie wie eine Villa an. Mein Gott, es ist höchstens erst Mitternacht. Man könnte darin im Trockenen für mindestens fünf Stunden sein.

Dann stürmen wir vier Ausreißer auf die Bude zu, die Tür ist verschlossen und vor den Fenstern Holzläden. An der Tür hängt ein starkes Vorhängeschloss.

"Werden wir gleich haben," meint Max, holt sein Taschentuch, groß, kariert und schmutzig aus der Tasche, dreht es zu einem Strick zusammen, fädelt es durch den Bügel des Schlosses, nimmt die beiden Enden in die Hand und reißt zwei-, dreimal kräftig.

Klack, macht das Schloss und erfüllt seinen Zweck nicht mehr. Drinnen sind wir. Eine Bank ist da und ein langer Tisch, alles das stellen wir mit Entzücken fest, nachdem wir die Tür hinter uns zugezogen haben. Streichhölzer und eine Petroleumlampe liegen auf dem Tisch. Wir stehen in einem hellen trockenen Raum.

Und man glaubt es kaum, an rostigen Nägeln hängen an der Wand viele schöne, noch ganz prima aussehende Lederjacken und Lederhosen.

Runter mit den nassen Klamotten. Wir müssen etwas Trockenes auf den Leib kriegen. Diebstahl an Arbeitern, aber es muss sein. Wir lassen ja unsere Bekleidung hier. Jeder redet durcheinander, während wir schon nackt dastehen und uns mit den blaukarierten Handtüchern der Arbeiter von unten bis oben trocken rubbeln.

Dann wird anprobiert. Die anderen haben keine Mühe, was Passendes zu finden, aber ich, mit den 1,93 m und den langen Beinen, na ja, die Jacken gingen ja noch, die Ärmel ein bisschen zu kurz, aber die Hose, unmöglich.

Die anderen sind mit dem Umziehen längst fertig und sehen sehr passabel aus.

"Also Arbeitsklamotten sind das nicht, dazu ist das Leder viel zu gepflegt und sauber" stellt Egon sachlich fest und er muss es ja wissen, denn er ist Schneider. Dann fällt der Blick der drei Lederbekleideten auf mich. Ich stehe da wie pick Sieben, mir passen die Sachen hinten und vorn nicht.

"Oh, bei welchem Schneider lassen Sie arbeiten", fragt Leo.

Ich könnte verzweifeln, aber alles lacht und plötzlich ist wieder die alte Stimmung da. Wir sind ja trocken, Gott sei Dank. Der Regen wird sich hart tun, durch das Leder zu kommen.

In der Ecke steht eine Kiste, niemand hat bis jetzt hinein geschaut. Ist ja verständlich, bei einer solchen Überraschung. Nun, ich schaue hinein und was sehen meine trüben Augen? Eine fast neue Ledergarnitur. Ich halte mir die Hose an, passt, die Jacke ebenso. Also runter mit dem engen Zeug und nichts wie rein. Fast neu und passt wie angegossen. Gepriesen seien alle langen Menschen. Sauwohl fühle ich mich.

Wir werden alle unsere Sachen da lassen und uns nur mit Jacke und Hose bekleiden. Leo wühlt weiter in der Kiste. Er zieht ein paar Gummistiefel nach dem anderen heraus. "Wollen die Herren bitte anprobieren?"

Jeder findet ein paar passende und dann packt uns der Schönheitsfimmel. Eine alte Schüssel ist da, Seife auch und Handtücher sowieso. Also, noch mal runter mit den Sachen, waschen. Egon hat einen Rasierapparat dabei, weg mit den Bärten. Finger- und Fußnägel werden geschnitten. Ja, sogar das Genick wird bei jedem ausrasiert. Als wir alle strahlend schön sind, dämmert draußen schon der Morgen.

Ade, liebe Bude, wir müssen uns leider verziehen. Und ihr von uns bestohlenen Arbeiter, ja, ihr tut uns leid, aber wir wollen heim. Leo entschließt sich ein paar Zeilen zu schreiben. Er findet eine alte Zeitung auf deren Rand er unsere Entschuldigung schreibt. Dann ist es höchste Zeit, dass wir uns dünn machen und wir stürmen wieder hinaus in den Regen.

Die vierte Woche ist angebrochen. Hunger und Durst haben an uns und unserer Kameradschaft genagt. Ein Riss geht durch unsere

Gemeinschaft und hat sie in zwei ungleiche Teile geteilt. Mit Kleinigkeiten hat es angefangen. Jetzt ist es zur Kluft geworden.

Ich weiß nicht, ob ich der Schuldige bin oder nicht. Auf jeden Fall bin ich für die anderen unbequem geworden. Meine von Anfang an gehegten Befürchtungen in Bezug auf Verpflegung und Bummelei sind leider berechtigt gewesen. Der Hunger macht uns alle brummig, überempfindlich und schwach.

Das Bewusstsein, nach drei Wochen erst die Hälfte unseres Marschs geschafft zu haben, macht uns mutlos. Der Regen hat schon seit zwei Tagen aufgehört, als mache es ihm keinen Spaß mehr, da wir ihn in unserer neuen Lederbekleidung nunmehr halb so schlimm fanden. Wir liegen in einem Wald, der sich zu beiden Seiten der Straße hinzieht, die wir heute Nacht unter unseren Sohlen hatten. Auch diese Nacht hat uns nur ca. 15 km näher an die Heimat herangebracht. Diesmal war der Durst unser größter Gegner. Auf dem ganzen Marsch war keine einzige Wasserstelle, kein Bach zu finden. Wir gingen dem vermeidlichen Gequake von Fröschen nach, verloren viel Zeit und fanden nur Sumpf. Den vorherigen Tag hatten wir in praller Sonne inmitten einer Geröllhalde verbracht und hier, sowie in der Nacht vorher nichts getrunken. So ist unser Hunger gar nicht mehr zu spüren, nur Durst, quälender Durst. Es wurde Tag und wir mussten uns verkriechen. Nun laufen meine Kumpels wie gequälte Tiere hin und her, weil sie die Dunkelheit nicht erwarten können, die ihnen Hoffnung auf Wasser gibt.

"Mensch, lasst uns doch endlich abhauen, mault Egon." Er ist der Schwächste von uns und steckt mit seinem dauernden Gejammer die anderen an. "Ich gehe ein in diesem scheiß Wald, es sind noch 2 km bis zur nächsten Ortschaft und dort finden wir bestimmt etwas zu saufen. In einer Stunde ist es sowieso dunkel, solange brauchen wir gerade, um in das Kaff zu kommen". Und Max sagt: "Ich bin auch der Meinung, wir brechen auf." Erstens hat er Recht, wenn wir vorsichtig am Waldrand gehen, sieht uns kein Schwein und wenn es dunkel ist, sind wir gleich im Ort und können endlich saufen. "Was meinst Du, Leo?" "Wenn wir vorsichtig sind, kann ja nichts schief gehen. Also hauen wir ab." "Bleibt hier und wartet, seid doch nicht so kindisch, es kommt doch auf eine Stunde nicht mehr an. Wir haben doch die Gewissheit im Ort Wasser zu finden. Setzt doch nicht wegen der läppischen Stunde die Freiheit aufs Spiel. Jetzt haben wir es so lange ertragen, die kurze Zeit wird es auch noch gehen", sage ich.

"Du mit Deinen scheiß Moralpredigten, hör jetzt bloß bald auf. Ich habe jetzt endgültig von Dir genug mit Deinem ewigen Besserwissen und Deiner Bevormundung, jetzt hast Du restlos verschissen. Und wenn Du meinst, dass wir uns das noch weiter mit anhören, täuscht Du Dich. Geh für Dich allein und lasse uns mit Deiner Klugscheißerei zufrieden." Diese Antwort gibt mir Max und nimmt, als wenn er seinen Standpunkt bekräftigen will, Egon und Leo bei den Armen und zieht sie mit sich fort. Gepäck haben wir schon seit 8 Tagen nicht mehr. Die leeren Taschen waren toter Ballast und wurden fortgeworfen. Ja, es marschierte sich leichter ohne Traglast. Aber Hunger und Durst drücken mehr als das schwerste Gepäck.

Ich versuchte, mich nun mit dem Gedanken vertraut zu machen, dass ich das Kommende allein schaffen muss. Irgendwie überkommt mich ein Gefühl der Verlassenheit und ich muss mich schwer zusammen nehmen, nicht hinter den anderen herzulaufen. Dann kommen mir Zweifel auf, ob ich nicht doch vielleicht mit allen meinen guten Ratschlägen und Warnungen zu weit gegangen bin. Aber verdammt noch mal, es hat sich doch immer wieder gezeigt, dass ich Recht hatte.

Dann meine ich, doch nicht alleine bleiben zu können und entschließe mich, auch aufzubrechen, die anderen einzuholen und ihnen zu versprechen, dass ich kein Wort mehr sagen würde.

Es ist noch nicht dunkel als ich den Ortsrand erreiche und meine drei Kameraden nebeneinander, ganz selbstverständlich, auf der Straße in den Ort hinein marschieren sehe. Sie machen einen fri-schen Eindruck, scheinen also schon getrunken zu haben. Sie haben Stöcke in den Händen und laufen ganz unbekümmert. Diese Wahnsinnsknaben denke ich, zögere, weil es mir wie Frevel erscheint, jetzt in der Dämmerung durch die belebte Straße einer kleinen Ortschaft zu gehen, wo einer den anderen kennt und jeder Fremde zwangsläufig auffallen musste.

Aber dann ist die Befürchtung doch stärker, die Kameraden aus den Augen zu verlieren, wenn ich hier auf die Dunkelheit warte und ich gehe mit klopfendem Herzen auch in des Teufels Küche hinein. 100 m mögen mich noch von den anderen trennen, als sie die Mitte der Ortschaft, die hier ein kleiner Marktplatz bildet, sich sonst aber nur links und rechts an die Straße schmiegt, zu erreichen.

Es herrscht Feierabendstimmung unter den Einwohnern. Man steht unter den Türen oder schaut aus den Fenstern, um sich die letzten Neuigkeiten zu erzählen. Die drei fremden Wanderer erregen allgemeines Aufsehen und ich kann mir vorstellen, dass man Mutmaßungen über ihr Woher und Wohin anstellt. Der Figaro schrieb ja erst vor ein paar Wochen, dass unter den Kriegsgefangenen eine Fluchtseuche ausgebrochen sei. Hunderttausend seien unterwegs und auf den französischen Landstraßen werde nachts nur noch deutsch gesprochen.

Unter der Tür einer Fleischerei steht der wohlgenährte Meister. Er fällt mir auf, denn er schaut meinen drei Kumpels sehr nachdenklich hinterher. Die haben den Marktplatz schon hinter sich und streben nun dem Ende der Ortschaft zu. Dort werden sie hoffentlich so schlau sein und auf dem schnellsten Weg von der Straße verschwinden. Während ich so meinen Gedanken nachhänge, bin ich mitten auf dem Marktplatz, der Fleischer wirft mir noch einen Blick zu und dann verschwindet er eiligst durch die Tür.
Bei dem hat's gefunkt, mich durchfährt ein eisiger Schreck. Nichts wie raus aus der Ortschaft, bevor der die Gendarmen alarmiert. Ich beginne immer schneller zu laufen, denn es darf doch nicht wie Flucht aussehen und doch muss ich schnell bei den anderen sein. Noch 20 m, ich renne fast, an den letzten Häusern hole ich sie ein. Es ist jetzt schon fast dunkel.

"Mensch, lauft und haut ab, wir sind erkannt worden!" Die drei schauen mich an und lachen. "Lauf doch, wenn Du Angst hast", sagt Egon.

Angst habe ich, Angst um meine Freiheit und laufen tue ich auch, so schnell, wie das bisschen Kraft, was mir noch geblieben ist, es zulässt.

Keine 150 m brauche ich zu rennen, dann höre ich das Geschrei hinter mir. Drei Gendarmen mit einem Motorrad und Zivilisten mit Fahrrädern und Jagdgewehren in den Händen haben meine drei Kameraden eingeholt und völlig überrascht. Ich erkenne die Gestalten jetzt nur noch schemenhaft. Im Moment stehe ich wie angewurzelt und kann mich nicht bewegen. Erst einige französische Brocken, die ich aufschnappe, machen mich wieder manövrierfähig.

"Le quatrieme camerade?" höre ich die Gendarmen meine drei Kumpels fragen.

Wo ist der vierte Kamerad, heißt das auf Deutsch. Mein Gott, die haben also gemerkt, dass ich zu denen zähle. Und da, als ein paar Zivilisten sich in Trapp setzen und mit den Gewehren fuchtelnd auf mich zu rennen, klingelt es bei mir. Es ist unheimlich, wie schnell ein Gehirn schalten kann, wenn es um die Wurst geht.

Erkannt haben sie dich noch nicht, sonst würden sie schreien oder schießen, denke ich und dann geht alles wie am Schnürchen. Die Straße wird von einer Hecke begrenzt. Mit einem Satz bin ich darüber und rolle einen Abhang hinunter. Jetzt ist in mir ein Gefühl, das ich oft an der Front hatte. Dieses Unbeschreibliche, nun erst recht, das wie ein Triumph ist, der einem trotz aller Angst ein inneres Lächeln gibt. Aber dann hört das Rollen plötzlich auf. Ich bin in einem Gestrüpp gelandet und höre an den Stimmen oben auf der Straße, dass im selben Augenblick meine Verfolger mit mir auf einer Höhe sind. Sie suchen, aber wie mir scheint, gerade auf der anderen Straßenseite, die von keiner Hecke abgegrenzt ist und leicht bewaldet, sanft bergan steigt.

Natürlich glauben sie, ganz richtig, dass ich den bequemeren Weg gewählt habe, um von der Straße zu verduften.

Es ist doch etwas Geheimnisvolles um die mentale Reaktion in einem Menschen. Warum wähle ich eigentlich diesen Weg nicht, der Wald wäre doch jedem sicherer zum Verstecken gewesen, als eine übersprungene Hecke, hinter der ja nur Feld sein könnte.

Vielleicht war ich näher an der Hecke als am Wald und wählte den kürzeren Weg, wer weiß das zu sagen.

Jedenfalls ist jetzt hier Gestrüpp und da muss ich durch, damit ich an Boden gewinne. Aber dann habe ich keinen Boden mehr unter den Füßen und rutsche nochmal eine Böschung hinunter. Oh, Tücke des Objekts, mitten hinein in einen ganzen Bach voll mit dem so lange ersehnten Wasser. Erschrocken bin ich schon, als es plötzlich so kalt und nass wurde. Aber die Tatsache, dass es Wasser ist, macht mich glücklich und während ich den Bach, dessen Wasser mir bis an die Brust steht, durchwate, schöpfe ich mit beiden Händen Wasser und trinke wie ein Pferd.

Der Bach ist nicht breit, 2 bis 3 m schätze ich. Das andere Ufer ist steil und dicht bewachsen. Lange Zweige hängen herab und als ich sie zur Seite schiebe, um eine Aufstiegsmöglichkeit zu finden, stelle ich mit Erstaunen fest, dass die Zweige wie ein Vorhang zwischen Ufer und Wasser hängen. Sie bilden fast eine Laube und wenn ich hinter ihnen im Wasser stehen bleibe bis der Trubel oben auf der Straße vorbei ist, müsste die ganze Geschichte für mich ein gutes Ende nehmen.

Es ist mir nicht unangenehm im Wasser zu stehen, ganz im Gegenteil. So habe ich doch nochmal die Möglichkeit zu trinken. Ach was, ich saufe wie ein Kamel, was nach tagelanger Wüstenwanderung endlich eine Oase erreicht hat. Auf der Straße ist es stiller geworden. Mein Durst war gelöscht und ich begann die

Kälte des Baches zu spüren. Also raus aus dem Wasser, die Böschung hoch, oben ein Kornfeld.

Ich wollte ganz sicher gehen, deshalb sprang ich ein paar Meter in das Feld hinein, bevor ich tiefer hinein lief, die Halme sollten meinen Eintritt nicht verraten. Nun stand ich mitten in den hohen wiegenden Ähren und tauchte zu Boden. Es war eine völlig neue Situation für mich entstanden und ich musste erst einmal überlegen, wie es weitergehen sollte.

Ich war nun allein. Ein Gefühl der Verlassenheit keimte auf und wollte mich kopflos machen. Doch war es gut für mich, dass die Entscheidung jetzt allein bei mir lag. Jetzt war ich allein für mich ver-antwortlich, hatte mich nach niemandem mehr zu richten. Die letzten Tage waren doch nur voller Spannungen zwischen den Kameraden und mir gewesen.

Dennoch, vielleicht bestand die Möglichkeit, den Kameraden zu helfen. Man hatte sie bestimmt in den Ort gebracht und dort würden sie auch bis morgen früh bleiben, bevor sie wieder in ein Gefangenenlager gebracht wurden.

Siedend heiß fiel mir ein, dass Leo doch im Besitz der Karten und ich völlig ohne Orientierung war. Ich glaubte, mich daran zu erinnern, dass Leo als nächstes Ziel Lons-Le-Saumier genannt hatte. Aber, wir hatten jede Menge Umwege gemacht und ich hatte die Richtung verloren. Na ja, schauen wir mal.

Hundegebell.

Es kam von der Straße, mir wird unheimlich. Ein Hund würde mich hier finden. Verdammt noch mal, sollte auch meine Freiheit schon vorüber sein?!

Ja, das galt mir. Vorsichtig stellte ich mich auf, die Halme reichten mir fast bis zur Schulter. Fahr-zeuge kommen auf der Straße und halten an. Ich sehe es an den Lichtern. Eine Menge Stimmen, Zurufe und dazwischen immer wieder das Bellen der Hunde.

"Sie kommen"! Wie oft hatten wir im Krieg wohl diese zwei Worte gebracht.

Heute galten sie nur für mich. Damals konnte ich mich wehren und schießen. Heute musste ich warten und hoffen.

Laternen bewegten sich von der Straße her auf mich zu. Herrgott, ist mir elend.

Diese Hunde regen mich auf. Sie haben bestimmt meine Spur gefunden und ziehen jetzt an ihren Leinen.

Aber halt! Ich bin doch durch den Bach gewatet, die Hunde müssten die Spur eigentlich verlieren. Ein Hoffnungsfunke.

Nun waren sie am Bach! Ganz deutlich hörte ich die Worte, doch verstehen konnte ich sie nicht. Wenn sie jetzt doch aufgeben und umkehren würden. Da planschte das Wasser auf, die Hunde waren jetzt im Bach.

Nun würde sich mein Schicksal entscheiden. Fanden sie die Spur oder nicht? Zurufe, Stimmengewirr, mir ist, als wenn sie sich entfernen. Die Hunde sind noch im Wasser, scheinen zu suchen, aber dem Geräusch nach sind sie nicht an das Ufer gekommen, was ich vor 10 Minuten bestiegen habe.

Ja, die Stimmen entfernen sich und kommen zurück. Ich zittere und bin nahe am Verzweifeln.

Aber sie gehen vorbei. Die Hunde, das höre ich, schwimmen weiter und die Männer folgen ihnen. Eine Strecke suchen sie noch ab, dann wieder Stimmen, die Hunde verlassen das Wasser, das höre ich deutlich. Dann wird palavert und schließlich scheinen die Dorfbewohner oder wer es auch sein mag, aufzugeben und die Stimmen entfernen sich. Auf der Straße klappen Autotüren und ich sehe an den Scheinwerfern, wie umgekehrt wird und mir ist es zum Beten.

Erschöpft setze ich mich nieder. Das war haarscharf. Jetzt kommt mir das zu Bewusstsein. Ich bin verzweifelt und ich schäme mich nicht, mir stehen die Tränen in den Augen. Aber das vergeht und dann kommt die Überlegung zurück. Also, was muss ich als nächstes tun?

Hier im Kornfeld kann ich nicht bleiben. Das ist zu gefährlich und das Kornfeld liegt zu nahe an der Ortschaft. Also muss ich raus, zumal die Gefahr besteht, dass es demnächst geschnitten wird.

Um Spuren mache ich mir keine Gedanken. Ich trabe quer durch das Feld, als es aufhört, komme ich in einen Obstgarten und auf einen Feldweg. Ich orientiere mich am Nordstern. Das wird mein einziger Gefährte sein und ich laufe, ich laufe ungefähr 20 km in dieser Nacht und verkrieche mich bei der Dämmerung in einem Gehölz.

Als es hell wird stelle ich fest, dass ist mehr Gebüsch als Gehölz. Ein Bauernwäldchen würde man das in Deutschland nennen. Ich gehe bis an seinen Rand und orientiere mich. Das Gelände ist hügelig und ich kann keine Ortschaft sehen. Aber das besagt nichts. Weit kann ich nicht gucken. So ziehe ich mich wieder zurück und setze mich auf den Boden. Verpflegung ist gestrichen und ich bin froh, dass ich wenigstens den Bauch voll Wasser habe.

Was würden die Kameraden machen? Wird man sie nach ihrer Gefangennahme anständig behandeln. Wo werden sie sich jetzt aufhalten? Tausend Fragen schwirren durch meinen Kopf und da fällt mir ein, dass wir eingebrochen haben. Hoffentlich haben diese

Steinbrucharbeiter keine Anzeige erstattet? Wenn ja, sieht es für die Kameraden trübe aus, denn Diebstahl auf der Flucht wird mit Gefängnis bestraft. Ich trage diese Ledersachen auch noch. Also muss mein Bestreben sein, so schnell als irgendwie möglich die Garderobe zu wechseln. Denn wenn ich auch noch geschnappt werden sollte und die Gefahr besteht immerhin, würden es die Gendarmen mit dem Einbruch in Verbindung bringen und dann säße ich auch in der Tinte.

Also müssen die Klamotten so schnell als möglich weg.

Mir ist klar, dass so eine günstige Gelegenheit, wie in dem Steinbruch, nicht mehr wieder kommt. Folglich muss ich unter Menschen. Der Tag vergeht langsam. Wenn diese verdammte Müdigkeit nicht wäre, immer wieder fallen mir die Augen zu, aber ich mussmunter bleiben. Die Sonne brütet in dem spärlichen Laub der Bäume und es ist fast kein Schatten.

Aber der Tag vergeht auch und ich atme auf, als es dunkel wird und ich meinen Marsch fortsetzen kann. Die Straßen meide ich. Es ist mir zu gefährlich alleine auf der Straße zu gehen. Ich habe nicht Augen hinten und vorn, an der Seite, um eventuelle Gefahren gleich zu erkennen.

Nach etwa 10 km kann ich nicht vermeiden, durch eine Ortschaft zu huschen. Sie liegt in einem Tal, das links und rechts der Straße ansteigt und ich sehe keine Möglichkeit, diese Ortschaft zu umgehen.
Ich muss es wagen in die Nähe von Menschen zu kommen. Nur so kann ich meine Lederbekleidung loswerden und sie eventuell eintauschen.

Frisch gewagt, ist halb gewonnen. Ich halte die Daumen und wünsche mir selbst Hals und Beinbruch. Es wird schon schief gehen. In den Fenstern brennt kein Licht, soweit ich das erkennen kann. Und als ich mitten in der Ortschaft bin habe ich das Gefühl, dass es gut gehen wird. Ich spähe nach Kleidungsstücken aus, um meine Garderobe aufzufrischen, aber die Bewohner haben mir nicht den Gefallen getan, über Nacht etwas auf den Leinen hängen zu lassen. Dann komme ich ans Ende des Ortes, und, ja wer sagts denn, es ist gut gegangen.

Nur wenige Meter muss ich noch auf der Straße gehen, dann zweigt ein Feldweg ab und führt in eine, wie mir scheint, riesige Obstplantage. Das kommt mir sehr gelegen. Denn ich habe seit 48 Stunden nichts mehr gegessen, mir ist flau im Magen und der Hunger, an den ich die ganze Zeit nicht gedacht habe, überfällt mich. Auf den Bäumen hängen Boskopäpfel. Ich werde den Geschmack nie vergessen. Und als ich kauend so von Baum zu Baum pilgere, erkenne ich eine Bretterhütte, die sich an einen Baum schmiegt.

Die Hütte ist leer. Außer ein paar Leitern und stinkenden Obstkisten finde ich nichts. Ich gehe um diesen primitiven Schuppen herum und traue meinen Augen kaum. An einem niederen Ast hängen ein Hemd und eine Hose. Wahrscheinlich vom Pflücker zurückgelassen. Mein Herz macht einige schnelle Schläge als ich die Hose vom Baum nehme und mir an den Bauch halte. Sie ist weit und kurz und für einen beleibten Herren geschneidert. Das Hemd ist ein Fragment, aber es ist ein Hemd.

Ich ziehe mich aus und probiere die neue Bekleidung an. Sie passt hinten und vorn nicht. Die Hose ist zu weit und ich könnte noch eine Person mit hinein nehmen. Aber das macht nichts. Ich gehe zur Hütte zurück und finde einen Strick, binde mir den um den Bauch und die Hose passt.

Aber das Hemd! Es sieht aus, als wenn Vögel daran gehackt hätten, aber was macht's.

Nun rolle ich meine schönen Ledersachen zusammen, klemme das Bündel unter den Arm und marschiere weiter. In einiger Entfernung beginnt wieder der Wald. Das erscheint mir günstig, weil ich so die vermaledeiten Ledersachen loswerden kann. Es führt ein Waldweg in den Forst und ich finde einen Reisig Haufen, in dem ich meine Sachen verbergen kann.

Ich sehe sie mir noch einmal wehmütig an, die Jacke, die Hose, die Gummistiefel, sie haben mir gute Dienste geleistet und es stimmt mich etwas traurig, dass ich sie hier zurücklassen muss, aber die neue Bekleidung ist zweckmäßiger und unverfänglicher. Nur mit Hemd und Hose bekleidet setze ich meinen Marsch fort.

Schon nach einigen hundert Metern brennen die Füße. So geht es nicht. Ich bin barfuß laufen nicht gewöhnt. Ich muss zurück zum Versteck und mir die Gummistiefel holen.

Wie eine Vogelscheuche schaue ich aus. Die Gummistiefel sind zu weit, die Hose zu kurz und das Hemd zerschlissen. Gesellschaftsfähig bin ich nicht. Aber ich bin frohgemut und marschiere weiter.

Nach einigen Kilometern komme ich wieder ins Freie. Zuerst schaue ich auf den Nordstern. Die Richtung ist gut. Der Waldweg wird zum Feldweg und ich stutze:

War das nicht, als ob eine Lokomotive gepfiffen hätte? Das erscheint mir unwahrscheinlich. Aber ich werde darauf achten.

Ich gehe diesen Feldweg weiter und finde die Bestätigung dafür, dass ich mich mit dem Pfiff der Lokomotive nicht getäuscht hatte. Denn vor mir führt der Feldweg über ein Bahngleis. Das muss ich erst verkraften.

Die Idee, mit dem Zug zu reisen, ist mir noch nicht gekommen. Aber plötzlich ist sie da und mir scheint, das ist keine schlechte Idee. Wenn ich den Bahnkörper entlang gehe muss eine Station kommen und dann! Ja, und dann?

Die Bahn verläuft Richtung Nord-Nordwest, das ist gut. Ich pilgere den Bahndamm entlang und merke erst jetzt, dass es schon dämmert. Verflixt, ich muss mich verkriechen.

Es taucht in einiger Entfernung von der Bahnlinie ein Maisfeld auf und beschließe den Tag darin zu verbringen. Den Mais kann man essen und ich verspüre schon wieder, dass ich eine gehörige Portion vertragen kann. Das Feld reicht mir nur knapp bis zur Schulter, also muss ich mich legen.

Es wurde hell und mein Leidensweg begann. Nicht nur die Hitze und der Durst, nein, auch die Müdigkeit waren fast unerträglich. Ich konnte mich nicht bewegen, denn Mais raschelt und ich wusste nicht, ob Bauern auf dem Feld waren.

Ich hörte Züge vorbeifahren, das müsste eine ziemlich befahrene Strecke sein.

Als vor 14 Tagen unsere Tabakvorräte zur Neige gingen habe ich geglaubt, dass mir das gar nichts ausmacht. Aber jetzt hätte ich ein Königreich für eine Zigarette gegeben.

Und dann diese ekelhafte Müdigkeit. Sie übermannte mich von Stunde zu Stunde. Ich musste wach bleiben und es gelang mir nicht immer. Ich war übermüdet und schreckte oft aus dem Schlaf auf. Die Sonne brannte und ich war wie erlöst, als es dunkel wurde und ich endlich weiter laufen konnte. Dann kam der Durst, aber ich fand am Bahndamm einen Bach und habe getrunken. Viel und ausgiebig, bevor ich weiter gelaufen bin.

Dann verflachte der Bahndamm und ich stellte mit Erstaunen fest, dass irgendein Bahnhof in der Nähe sein müsste, denn die Gleise fächerten sich auf, ergaben somit Rangiergleise, ich sah Güterschuppen und in der Ferne einen Bahnhof.

Als mein Blick den Bahndamm freigab, wäre mir fast das Herz in die Hose gefallen. Ich war am Rande einer Ortschaft, nein, eine Ortschaft konnte das nicht, das müsste eine Kleinstadt sein.

Mich interessierten jetzt nur die auf den Rangiergleisen abgestellten Waggons.

Wenn ich sie erreichen könnte war es möglich eine Mütze voll Schlaf zu nehmen, ohne dass ich die Befürchtung haben müsste, entdeckt zu werden.

Gesagt, getan. Es mochte gegen 2.00 Uhr morgens sein. Auf den Gleisen sah ich niemanden. Vier Reihen Waggons standen auf den Rangiergleisen und wenn ich richtig sah, standen in der zweiten Reihe Personenwagen.
Also entschloss ich mich aufs Ganze zu gehen. Pfeif doch drauf, wenn mir ein Bahnbeamter in den Weg lief, ich konnte ja reagieren. Es war dunkel und der musste mich erst mal finden.

Also nahm ich mein Herz in beide Hände und startete los. Es mochten 100 m sein die ich zu laufen hatte, aber ich war schnell und ich peilte die abgestellten Personenwagen an, öffnete wahllos irgendeine Tür, verschloss sie wieder, sank auf die Bank und schlief.

Durch einen Stoß, der mich fast von der Bank geworfen hätte, wachte ich auf.

Es war schon hell und ich fand mich nicht gleich zurecht. Musste erst meine Gedanken sortieren. Wie war das? Ich war in einen Personenwagen eingestiegen und hatte mich auf die Bank gelegt und jetzt war mir klar, dass der Stoß von einer Lokomotive kommen musste die ankuppelte. Ich peilte vorsichtig aus dem Fenster, schreckte zurück, weil die Lokomotive einen Pfiff ausgestoßen hatte, sie zog an und dampfte langsam Richtung Bahnhof über die Gleise. Ich hörte am Klang der Schienen, wie sie einige Weichen passierte und sich wahrscheinlich der Hauptstrecke näherte.

Interessiert schaute ich aus dem Fenster, ja, es war so. Sie fuhr an den Bahnsteigen entlang und jetzt konnte ich auch die Bahnhofsuhr erkennen. 7.40 Uhr, Mensch hatte ich lange geschlafen.

Der Zug fuhr weiter und am Bahnhofsgebäude erkannte ich in großer Schrift den Namen der Ortschaft Poligny. Das Bahnhofsgebäude lag hinter uns und der Zug bremste. Bremste und stieß zurück.

Ich war verwirrt, denn ich hatte vermutet, dass der Zug durchfahren würde. Mit einem Zurücksetzen hatte ich nicht gerechnet. Ich konnte mehrere Bahnsteige erkennen auf denen Reisende standen, da bremste der Zug und ich stand auf einem Bahnsteig.

Vorsichtig näherte ich mich dem Fenster, um hinaus zu schauen und die Lage zu peilen. Vor dem Fenster standen in Reih und Glied feldmarschmäßig ausgerüstete französische Soldaten.

Das hatte mir noch gefehlt! Fieberhaft dachte ich nach, aber das Denken führte zu nichts. Ich musste auf jeden Fall aus dem Abteil raus. An der gegenüberliegenden Seite des Zuges öffne ich die Tür und zucke zurück, denn zwei Gleise weiter warten wahrscheinlich Arbeiter oder Angestellte auf einen Zug. Ich springe auf die Schienen, laufe in Richtung Lokomotive und, oh Wunder, am selben Wagen ist ein Bremserhaus.

Ich hangele mich die eiserne Stiege hinauf und öffne die Tür, schließe sie wieder und hocke in dem Bremserhaus.

Das war eine Reaktion, nur eine Reaktion, denn normal gedacht habe ich dabei nicht.

Auf jeden Fall scheint mich keiner der Wartenden auf dem Bahnsteig gesehen zu haben. Das Bremserhaus hat nur ein Brett als Sitz und ich weiß nicht, wohin ich mit meinen langen Beinen soll. Rechts und links sind trübe, ungeputzte Fenster und ich spähe hinaus. Zuerst nach rechts, da wo die Soldaten auf dem Bahnsteig stehen.
Eine Kompanie scheint es zu sein, die sich jetzt zum Einsteigen fertig macht. Befehle erklingen und dann besteigen die Landser die Abteile.

Auf der anderen Seite fährt gerade ein Zug ein und die Mitreisenden verschwinden vom Bahnsteig. Von dieser Seite aus hatte ich nichts mehr zu befürchten, denn nach kurzem Aufenthalt verlässt der Zug den Bahnhof.

Aber die Soldaten! Sie sind zum Teil wieder ausgestiegen und lungern auf dem Bahnsteig herum. Na ja, das ist wohl in jedem Land so Sitte.

Ich sitze wie auf Kohlen. Jetzt steht der Zug - ich kann es auf der Bahnhofsuhr erkennen - schon 20 Minuten auf dem Bahnsteig. Immer mehr französische Landser sind ausgestiegen, nachdem sie ihr Gepäck verstaut hatten und es wimmelt von französischer Poilûe's. Plötzlich wird die rechte Tür vom Bremserhäuschen aufgerissen und erschrocken staunen mich zwei Augen an. "Qu'est-ce que ca?" sagt der Franzose und springt wieder hinunter auf den Bahnsteig.

Er berichtet seinen Kameraden, was er soeben gesehen hat. Einer fasst sich ein Herz und klettert zu mir hoch. Ich hebe die Hände und folge ihnen brav, ganz brav, über die eiserne Stiege hinunter zum Bahnsteig.

Das ist eine Sensation! Ein deutscher Kriegsgefangener in einem Militärtransport. Es versammeln sich immer mehr Landser um mich und schließlich erweckt der Aufruhr die Aufmerksamkeit eines Offiziers, der drängt sich zu mir durch und fragt mich in gebrochenem Deutsch, ob ich Deutscher bin und was ich hier zu suchen hätte. Nachdem ich ihnen erklärt habe, dass ich auf der Flucht bin und heim will, schickt er einen Landser zum Bahnhofsgebäude.

Ich muss sagen, weder die Soldaten noch der Offizier legen Hand an mich.

Immer mehr Soldaten versammeln sich jetzt und ich höre aus den Bemerkungen nur Erstaunen. Aber echtes, ganz echtes Erstaunen.

Da kommt der Landser aus dem Bahnhofsgebäude zurück in Begleitung von zwei Gendarmen. Sie überschreiten die Gleise, drängeln sich zu mir durch und sagen "Allez hopp".

Der Offizier begleitet die zwei Gendarmen und mich ins Bahnhofsgebäude. Ich muss mich auf eine Bank setzen und höre, wie der Offizier den beiden Gendarmen einen ausführlichen Bericht gibt.

Jedenfalls führen mich die beiden Gendarmen aus dem Bahnhofsgebäude heraus. Nachdem sich der Offizier verabschiedet hat und gehen mit mir eine kurze Strecke bis zu dem Gebäude, was ich so fürchten gelernt habe, an dessen Fassade Gendarmerie steht. Sie betreten das Haus, schließen mich in einem Zimmer ein und ich sinke auf die Pritsche und denke nur eins: Das kann doch nicht wahr sein!

Was wäre gewesen, wenn, ... ja, wenn ich mich anders verhalten hätte?

Wenn ich zum Beispiel, als der Arbeiterzug den Bahnhof verlassen hatte, aus dem Bremserhaus ausgestiegen wäre und die Gleise überquert hätte, und und und, ja was wäre dann gewesen? Aber hätten dann die Landser nichts gemerkt? Na ja, die Fragen stehen offen.

Am Nachmittag werde ich zum Verhör vorgeführt. Die zwei Gendarmen sind wieder da, drei kommen aus dem Nebenzimmer und ein Zivilist, wahrscheinlich ein Dolmetscher.

Sie fragen mir ein Loch in den Bauch. Ich gebe nur zu aus Saint Etienne zu kommen und das Lager dort verlassen zu haben. Ich gebe weiter zu, dass ich wahrscheinlich durch Lyon gekommen bin. Ich vermute das, denn diese Stadt hat eine große Ausdehnung. Ich bin weiter gelaufen und habe mich nach einigen Tagen in einen abgestellten Zug gesetzt und bin eingeschlafen. Alles andere wissen sie ja selbst.

Ein Gendarm bringt mich in die Zelle zurück.

Aber ich bin erschüttert als mir der Dolmetscher nach ruft:

"Weißt Du überhaupt, dass eine Viertelstunde später der Transport abgefahren ist und dass Du, wenn man Dich nicht entdeckt hätte, heute Abend schon in Friedrichshafen gewesen wärst".

Dann bekomme ich in meiner Zelle einen Kübel mit Erbsensuppe und nachdem ich sie genussvoll verzehrt habe, lege ich mich zur Ruhe und schlafe durch bis zum nächsten Morgen.

Mein letzter Gedanke vor dem Einschlafen: Ich werde flüchten.

- Hier enden die Aufzeichnungen -

4. KAPITEL „HEIMKUNFT"

Am 16.05.1948 erreichte mein Vater nach einer nicht minder gefährlichen Flucht, die er am 20.04.1948 zusammen mit einem Kameraden gewagt hatte, München, wo seine Schwester damals arbeitete.

Auf dem langen Weg durch Frankreich halfen ihm auch ehemalige Kameraden wie der folgende Brief beweist (Original liegt dem Autor vor).

Brief an Willy Lenke, Vater,
aus Chatillon, am 05. Mai 1948

Werter Herr Lenke!
Nach langem Überlegen habe ich mich doch entschlossen, Ihnen ein paar Zeilen zu schreiben. Denn ich halte es für besser, dass Sie es wissen, wenn Ihr Sohn Erhard zu Hause eintrifft. Wollen ihm alle Daumen drücken, damit er durch-kommt.

Sie können sich vielleicht an mich erinnern sofern Erhard von mir und seiner Tä-tigkeit hier im Hospital zu Chatillon/Seine geschrieben hat. Also, voriges Jahr, ich glaube es war anfangs Oktober als er von hier weg kam in ein anderes Langer, welches ungefähr 180 km von hier weg ist. Wir blieben immer in brieflicher Verbindung und nun am Donnerstagmorgen, den 28.04 kam Erhard an mein Bett und weckte mich. Es mag so gegen 3 Uhr gewesen sein, ich glaubte erst ein Gespenst zu sehen, aber dann als ich mir den Schlaf aus den Augen gerieben hatte, erkannte ich meinen früheren Mitarbeiter. Ich stand auf und brachte sie in mein Gartenhaus. Dort stellte sich heraus, dass

Erhard und sein Kamerad vom Lager ausgerissen, und nach 7-tägigem Marsch, fußkrank und ohne Verpflegung waren. Sie wollten nur einen Tag hier bleiben, aber ich überredete sie, den Auf-enthalt auf 5 Tage zu verlängern. Was sie auch annahmen. Schon rein verpfle-gungsmäßig gesehen, musste ich der Stationsschwester sowie der Küchen-schwester Bescheid sagen, und diese verlangten dann, die Erlaubnis erst vom Vorstand des Hospitals zu holen.

Mit allen meinen Sprachkenntnissen habe ich den Mann bearbeitet. Erhard weiß nichts davon, dass es für mich einen harten Kampf gab, um die Zustimmung des Vorstandes zu erlangen. Aber schließlich hatte ich doch gesiegt und habe au-ßerdem für die Beiden ein Päckchen Tabak bekommen. So haben sie sich aus-geheilt und was noch wichtiger ist, ausgefüttert, und am Montag den 03. Mai abends 10 Uhr setzten sie, mit guter Marschverpflegung ihre Reise fort. Erhard wird, wenn er glücklich zu Hause angekommen ist, alles ausführlich berichten.

Seien Sie also herzlichst gegrüßt und drücken Sie mit mir die Daumen, damit unser Langer Glück hat.

Also nochmals herzlichen Gruß von Ihrem H. S. (Name den Autoren bekannt)

Das letzte Stück auf der französischen Seite bis zur deutschen Grenze versteckte er sich tief in einem Kohlewagon. An der Grenze wurde die Kohle im Wagon von Soldaten mit langen Stangen durchstochen, um etwaige Flüchtlinge zu finden. Ganz eng an die Wagonwand presste er sich, um den spitzen Stangen zu entgehen und lauschte den Tritten der Soldaten über ihm.

Als die Soldaten den Befehl erhielten, die Suche abzubrechen und der Zug sich in Bewegung setze, wusste er:

Jetzt komme ich nach Hause.

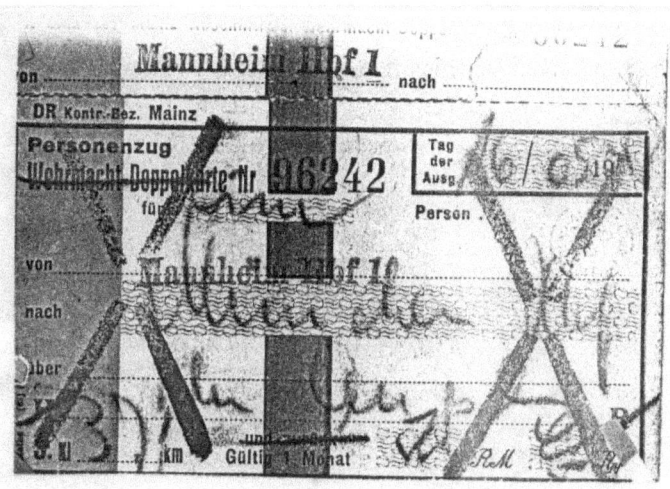

NACHWORT

Das Leben führte unseren Vater 1948 nach Nürnberg, wo er bis zu seinem Tod am 09.08.2003 blieb.

Er war sein Leben lang kein Mensch von Traurigkeit und hat es genossen.

Aber nach dem Schlaganfall litt er Höllenqualen.

Die Feinde ... russische Soldaten ... amerikanische Soldaten ... jugoslawische Partisanen ... alle standen an seinem Bett.

Die Erinnerungen kamen zurück.

Er hatte Todesangst.

EINBLICKE

Im Gefangenenlager St. Etienne entstand das folgende Gedicht:

„Zukunftspläne" von H. D. (Name den Autoren bekannt)
Chantillon sur Seine, den 24. Mai 1947

Wenn die schwere Zeit vorüber
Und das Schicksal bleibt mir hold,
fahr zur Heimat ich hinüber
frei von fremden Dienst und Sold

Dann werd' ich modern gestalten
Meinen ganzen Lebenslauf;
Aufgeräumt wird mit dem Alten,
neue Saiten zieh' ich auf.

Nagle ein paar alte Bretter
Schnell zusammen, Bumm und Krach!
Die zum Schutze gegen Wetter
Dienen mir als Wohngemach.

Innen rein in diesen Kasten
Kommt ein altes Bettgestell
Ein paar Halme Stroh zum Rasten
Für mein arbeitsmüdes Fell.

Primitives hab' ich gerne;
Lehmig muss der Boden sein,

eine alte Stalllaterne
hüllt den Raum in trüben Schein.

Weil man nie genau kann wissen,
ob des Nachts ganz dicht der Bauch,
kommt zu leiblichen Ergüssen
dicht ans Bett ein Kübel auch.

An die Stickstoffpräperate
Und den messerscharfen Mief
Muss man sich gewöhnen grade,
Ungeziefer inklusiv.

Abends vor dem Schlafengehen
Geb ich immer ab die Schuh'
Denn die brauchen nicht zu stehen
Und zu stören meine Ruh'.

Mache auch in keiner Weise
Irgendeinen Fluchtversuch,
denn die kulturellen Kreise
sind mir doch nicht gut genug.

Morgens steig' ich aus dem Bette
Wenn ein schriller Pfiff ertönt
Und dann mach' ich Toilette
Wie ich's jahrelang gewöhnt.

Alles tue ich verschlingen,
was man mir nur bieten kann,

denn es kommt vor allen Dingen
auf die Quantität nur an.

Ein Stück Land muss mir gehören
Und da wird dann angebaut
Massenhaft Kohlrüben, Möhren
„beaucoup" Zwiebeln und auch Kraut.

Zwecks Erfüllung meiner Pflichten
Geh' ich schaffen Tag für Tag
Doch ich kann sie nur verrichten,
wenn ein Posten mir folgt nach.

Ja man hat so viel erfahren
In der sturmbewegten Zeit,
dass man schätzt auch noch nach Jahren
unbedingte Sicherheit.

Stacheldraht zum Isolieren
Ziehe ich dann Kreuz und Quer
Und davon werde ich postieren
Einen Mann mit Schießgewehr.

Und ich pfeife ganz verwundert
Auf die menschliche Kultur,
trotz des 20 Jahrhunderts
ist sie doch am Anfang nur.

ZEITTAFEL ERHARD LENKE

24. Feb. 1922
Geboren in Chemnitz, Gymnasium, Arbeitsdienst
Wehrmacht, Ausschließlich Fronteinsätze in Russland, Italien, Frankreich

1943
Russische Front – Spähtrupp-Einsatz

25. Sept. 1943
Partisanenkrieg Italien (bei Görtz)
Gefangennahme durch jugoslawische Partisanen, Flucht

Okt – Nov. 1943
Lazarett Udine

08. Mai 1945 Kriegsende

1945
Gefangenenlager Augsburg
Gefangenenlager Altheim in Österreich

April 1946
Auslieferung an Frankreich
Straßburg
Gefangenenlager / Zwangsarbeit St. Etienne
29. Juli 1946
1. Flucht aus Frankreich (St. Etienne)

Mitte August 1946
Gefangennahme in Poligny – Ende des 1. Fluchtversuches

Bis Oktober 1947
Lager 81 Dijon Frankreich / Hospital Chatillon sur Seine

Bis April 1948
Lager 83 Nievre Frankreich

20.04.1948
2. Flucht aus Frankreich

28.04. – 05.05.1948
Versteckt im Hospital Chatillon

16.05.1948
Ankunft in Mannheim Weiterfahrt nach München

Ab Ende 1948
Nürnberg

09. August 2003
Gestorben in Nürnberg

DIE AUTOREN

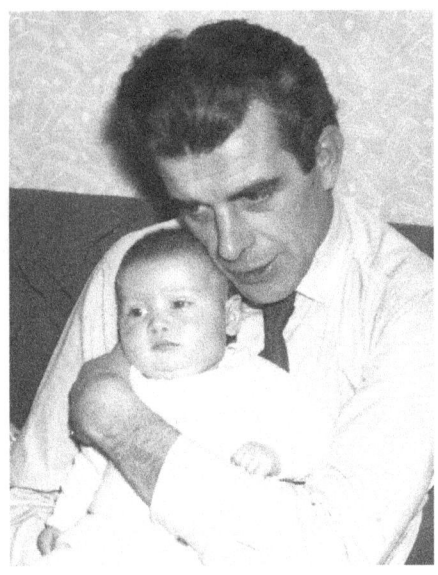

Erhard Lenke, geb. 24.02.1922 in Chemnitz, gestorben 09.08.2003 in Nürnberg

Barbara Spangler, geb. Lenke, Nürnberg

Weitere Veröffentlichungen
„Kriegsgefangener 137065"
eBook ISBN 978-3-944240-00-8

„4 Uhr wird geharkt" Krimi;
eBook ISBN 978-3-944240-01-5
Paperback IBN 978-3-944240-03-9

www.ingramcontent.com/pod-product-compliance
Lightning Source LLC
LaVergne TN
LVHW051656080426
835511LV00017B/2602